对接世界技能大赛技术标准创新系列教材
技工院校一体化课程教学改革汽车维修专业教材

汽车发动机简单故障检修

(一)

人力资源社会保障部教材办公室　组织编写

中国劳动社会保障出版社

简介

本套教材为对接世赛标准深化一体化专业课程改革汽车维修专业教材，学习内容对接世赛汽车技术、车身修理、汽车喷漆项目，学习目标融入世赛要求，考核标准对接世赛技能标准，考核评价方法参照世赛评分方案，并设置了世赛知识栏目。

本书主要内容包括汽车发动机水温高故障检修、汽车发动机不能启动故障检修、汽车汽油发动机加速无力故障检修、汽车柴油发动机加速无力故障检修。

图书在版编目（CIP）数据

汽车发动机简单故障检修 . 一 / 人力资源社会保障部教材办公室组织编写 . -- 北京：中国劳动社会保障出版社，2022

对接世界技能大赛技术标准创新系列教材　技工院校一体化课程教学改革汽车维修专业教材

ISBN 978-7-5167-5286-9

Ⅰ. ①汽…　Ⅱ. ①人…　Ⅲ. ①汽车 – 发动机 – 车辆修理 – 技工学校 – 教材　Ⅳ. ①U472.43

中国版本图书馆 CIP 数据核字（2022）第 042891 号

中国劳动社会保障出版社出版发行

（北京市惠新东街 1 号　邮政编码：100029）

*

北京市白帆印务有限公司印刷装订　　新华书店经销

880 毫米 ×1230 毫米　16 开本　10.75 印张　249 千字

2022 年 4 月第 1 版　　2025 年 5 月第 6 次印刷

定价：35.00 元

营销中心电话：400-606-6496

出版社网址：http://www.class.com.cn

http://jg.class.com.cn

对接世界技能大赛技术标准创新系列教材

编审委员会

主　任：刘　康

副主任：张　斌　王晓君　刘新昌　冯　政

委　员：王　飞　翟　涛　杨　奕　张　伟　赵庆鹏　姜华平

杜庚星　王鸿飞

汽车维修专业课程改革工作小组

课 改 校：杭州技师学院　重庆五一技师学院

云南交通技师学院　山东工程技师学院　广东省机械技师学院

广州市工贸技师学院　山西交通技师学院　大连交通技师学院

广州市交通技师学院　江苏省盐城技师学院

技术指导：郭七一

编　　辑：马　琳　伍召莉

本书编审人员

主　编：向应军

副主编：袁祥朋　曾有为

参　编：张道霖　曹　燕　杨　洋　陈　刚　杨　浩　王　镧

主　审：金君堂

序

世界技能大赛由世界技能组织每两年举办一届，是迄今全球地位最高、规模最大、影响力最广的职业技能竞赛，被誉为“世界技能奥林匹克”。我国于2010年加入世界技能组织，先后参加了五届世界技能大赛，累计取得36金、29银、20铜和58个优胜奖的优异成绩。第46届世界技能大赛将在我国上海举办。2019年9月，习近平总书记对我国选手在第45届世界技能大赛上取得佳绩作出重要指示，并强调，劳动者素质对一个国家、一个民族发展至关重要。技术工人队伍是支撑中国制造、中国创造的重要基础，对推动经济高质量发展具有重要作用。要健全技能人才培养、使用、评价、激励制度，大力发展技工教育，大规模开展职业技能培训，加快培养大批高素质劳动者和技术技能人才。要在全社会弘扬精益求精的工匠精神，激励广大青年走技能成才、技能报国之路。

为充分借鉴世界技能大赛先进理念、技术标准和评价体系，突出“高、精、尖、缺”导向，促进技工教育与世界先进标准接轨，完善我国技能人才培养模式，全面提升技能人才培养质量，人力资源社会保障部于2019年4月启动了世界技能大赛成果转化工作。根据成果转化工作方案，成立了由世界技能大赛中国集训基地、一体化课改学校，以及竞赛项目中国技术指导专家、企业专家、出版集团资深编辑组成的对接世界技能大赛技术标准深化专业课程改革工作小组，按照创新开发新专业、升级改造传统专业、深化一体化专业课程改革三种对接转化原则，以专业培养目标对接职业描述、专业课程对接世界技能标准、课程考核与评价对接评分方案等多种操作模式和路径，同时融入健康与安全、绿色与环保及可持续发展理念，开发与世界技能大赛项目对接的专业人才培养方案、教材及配套教学资源。首批对接 19 个世界技能大赛项目共 12 个专业的成果将于 2020—2021 年陆续出版，主要用于技工院校日常专业教学工作中，充分发挥世界技能大赛成果转化对技工院校技能人才的引领示范作用。在总结经验及调研的基础上选择新的对接项目，陆续启动第二批等世界技能大赛成果转化工作。

希望全国技工院校将对接世界技能大赛技术标准创新系列教材，作为深化专业课程建设、创新人才培养模式、提高人才培养质量的重要抓手，进一步推动教学改革，坚持高端引领，促进内涵发展，提升办学质量，为加快培养高水平的技能人才作出新的更大贡献！

2020年11月

汽车维修专业一体化教学参考书目录（中级阶段）

序号	书名
1	汽车文化（第二版）
2	机械识图（第四版）
3	机械基础（第四版）
4	电工与电子技术基础（第四版）
5	汽车材料（第四版）
6	钳工技能训练（第四版）
7	汽车维修企业管理（第二版）
8	汽车发动机构造与维修（第二版）
9	汽车底盘构造与维修（第二版）
10	汽车电气设备构造与维修（第二版）
11	汽车维护与故障诊断（第三版）
12	汽车构造（第三版）
13	汽车维护
14	汽车空调
15	汽车电气设备（第二版）
16	汽车维修技术手册

汽车发动机简单故障检修对应的学习任务

教材名称	对应的学习任务
汽车发动机简单故障检修（一）	学习任务一　汽车发动机水温高故障检修
	学习任务二　汽车发动机不能启动故障检修
	学习任务三　汽车汽油发动机加速无力故障检修
	学习任务四　汽车柴油发动机加速无力故障检修
汽车发动机简单故障检修（二）	学习任务五　汽车发动机动力不足故障检修
	学习任务六　汽车发动机异响故障检修
	学习任务七　汽车发动机机油警告灯亮故障检修
	学习任务八　汽车发动机故障警告灯亮故障检修

目　　录

学习任务一　汽车发动机水温高故障检修

学习目标

1. 能描述冷却系统的作用、组成、分类和水路循环过程，明确汽车发动机水温高故障的检修内容、检修流程及检修方法。

2. 能描述冷却液的组成成分、特性及选用要求，分析冷却液变质的原因，并能进行冷却液的检查与更换。

3. 能描述节温器的作用、分类、结构和工作原理，分析节温器不工作的原因，并能进行节温器的检查与更换。

4. 能描述水泵的作用、分类、结构和工作原理，分析水泵工作异常的原因，并能进行水泵的检查与更换。

5. 能描述冷却风扇的分类、作用和工作原理，分析冷却风扇工作异常的原因，并能进行冷却风扇的检查与更换。

6. 能描述散热器的作用、结构和工作原理，分析散热器散热不良的原因，并能进行散热器的检查与更换。

7. 能对维修场地的相关设备进行日常维护与保养，按6S管理规定清理现场。

8. 能对相关资料、互联网资源进行检索，完成维修工单、工作页的填写。

9. 能展示工作成果，进行任务评价，总结工作经验，优化检修方案。

10. 能在作业过程中严格执行企业操作规范、安全生产制度、环保管理制度，严格遵守从业人员的职业道德，具有吃苦耐劳、爱岗敬业的工作态度和职业责任感。

建议学时

16学时

工作情境描述

一辆轿车进厂检修，客户反映汽车行驶过程中出现水温警告灯亮现象，经维修技师检查初步判断为发动机冷却系统故障。汽车维修人员需要根据维修手册的相关要求，在规定时间内（参照维修资料）完成发动机冷却系统的检查与零部件的更换，完成后交付验收。

工作流程与活动

1. 冷却系统的认知（2 学时）
2. 冷却液的检查与更换（4 学时）
3. 节温器的检查与更换（2 学时）
4. 水泵的检查与更换（2 学时）
5. 冷却风扇的检查与更换（2 学时）
6. 散热器的检查与更换（2 学时）
7. 工作总结与评价（2 学时）

思维导图

- 学习任务一　汽车发动机水温高故障检修
  - 学习活动1　冷却系统的认知
    - 冷却系统的作用和分类
    - 冷却系统的组成
    - 冷却系统的水路循环系统
    - 认知实训车辆或实训台的发动机冷却系统
    - 汽车发动机水温高故障分析
  - 学习活动2　冷却液的检查与更换
    - 冷却液的组成成分、特性及选用要求
    - 冰点测试仪的作用及使用
    - 制订检修方案
    - 检查与更换冷却液
      - 检查冷却液液位
      - 添加冷却液
      - 检测冷却液性能
      - 更换冷却液
      - 冷却系统泄漏检查
  - 学习活动3　节温器的检查与更换
    - 节温器的作用和分类
    - 节温器的结构和工作原理
    - 制订检修方案
    - 检查与更换节温器
      - 就车检查节温器
      - 更换节温器
  - 学习活动4　水泵的检查与更换
    - 水泵的作用和分类
    - 水泵的结构和工作原理
    - 制订检修方案
    - 检查与更换水泵
      - 检查水泵
      - 更换水泵
  - 学习活动5　冷却风扇的检查与更换
    - 冷却风扇的分类、作用和工作原理
      - 机械传动式冷却风扇
      - 硅油离合器式冷却风扇
      - 电动式冷却风扇
    - 制订检修方案
    - 检查与更换冷却风扇
      - 检查冷却风扇在低温下的工作情况
      - 检查冷却风扇在高温下的工作情况
      - 更换冷却风扇
  - 学习活动6　散热器的检查与更换
    - 散热器的作用、结构和工作原理
    - 制订检修方案
    - 检查与更换散热器
      - 就车检查散热器
      - 更换散热器
  - 学习活动7　工作总结与评价
    - 工作总结
    - 综合评价
    - 学习任务一整体评价

学习活动 1　冷却系统的认知

学习目标

1. 能描述冷却系统的作用、组成和分类。
2. 能描述水路循环系统的分类和工作过程。
3. 能在发动机台架上正确找到冷却系统相关的零部件。
4. 能通过查阅资料，明确汽车发动机水温高故障的检修内容、检修流程及检修方法。

建议学时：2 学时。

学习过程

一、冷却系统的作用和分类

1．简述冷却系统的作用。

2．冷却系统根据冷却方式不同，有哪些分类?

二、冷却系统的组成

1．发动机冷却系统主要由水泵、散热器、电动风扇、冷却液膨胀箱、气缸体水套、气缸盖水套、节温器以及附属装置（如采暖装置）等组成，如图 1-1-1 所示。

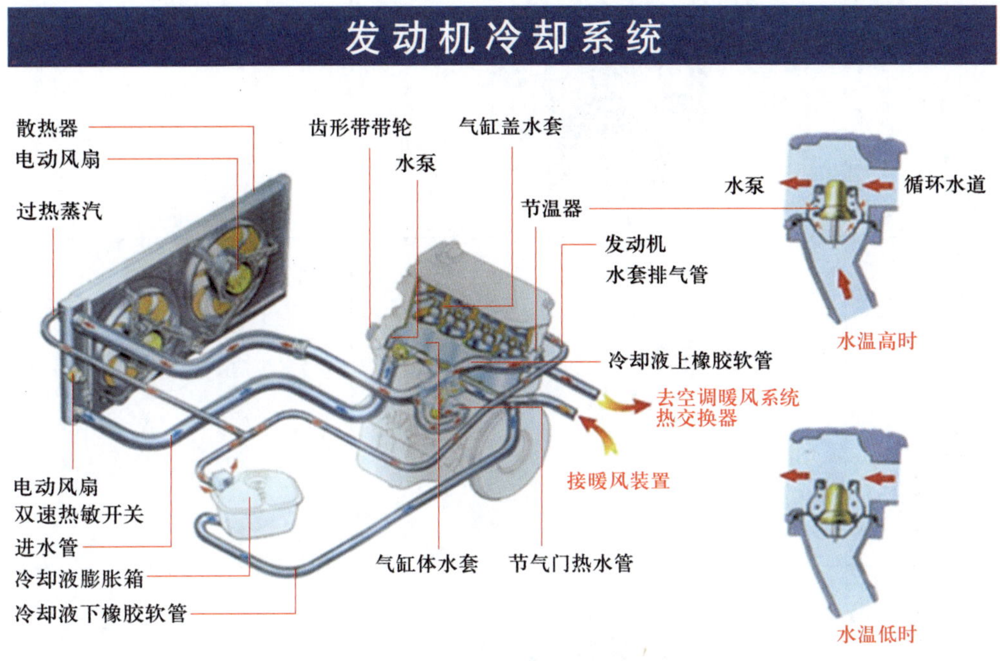

图 1-1-1　发动机冷却系统的组成

2．根据实物图，填写发动机冷却系统各组成零部件的名称及作用（表 1-1-1）。

表 1-1-1　发动机冷却系统各组成零部件的名称及作用

零部件名称	实物图	作用

续表

零部件名称	实物图	作用

	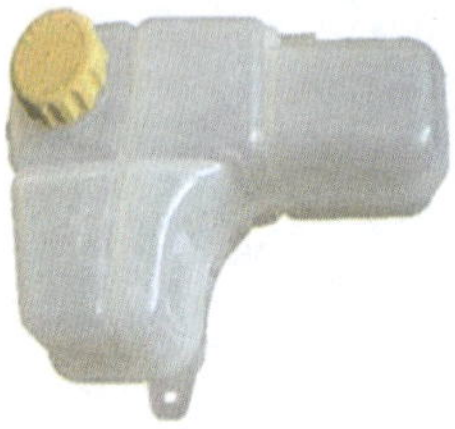	

三、冷却系统的水路循环系统

冷却系统的水路循环系统包括大循环、小循环、混合循环及采暖循环等，查阅资料，完成水路循环系统示意图的绘制。

1．大循环：

2．小循环：

3．混合循环：

4．采暖循环：

四、认知实训车辆或实训台的发动机冷却系统

对照实训车辆或实训台的发动机冷却系统，以小组为单位绘制一张冷却系统工作原理简图，并向其他组展示和说明该系统各组成零部件的名称、作用和安装位置。

五、汽车发动机水温高故障分析

汽车发动机水温高一般是因发动机冷却系统故障导致的。根据你对发动机冷却系统的了解，小组讨论发动机水温高时，应主要对发动机冷却系统的哪些方面进行检修，以及对应的检修流程和检修方法等，将讨论结果填写在下面的横线上并向其他组展示和说明。

六、学习过程评价

学习过程评价见表 1–1–2。

表 1–1–2 学习过程评价表

<table>
<tr><td>班级</td><td></td><td>姓名</td><td></td><td>学号</td><td></td><td>日期</td><td>年 月 日</td></tr>
<tr><td>序号</td><td colspan="4">评价要点</td><td>配分 / 分</td><td>得分</td><td>总评 / 分</td></tr>
<tr><td>1</td><td colspan="4">能正确识读和填写工作页，明确学习活动的要求</td><td>10</td><td></td><td rowspan="8">A □（86 ~ 100）
B □（76 ~ 85）
C □（60 ~ 75）
D □（60 以下）</td></tr>
<tr><td>2</td><td colspan="4">能描述冷却系统的作用、分类和组成</td><td>20</td><td></td></tr>
<tr><td>3</td><td colspan="4">能查阅资料，正确绘制水路循环系统示意图</td><td>15</td><td></td></tr>
<tr><td>4</td><td colspan="4">能对照实物，正确说出冷却系统各组成零部件的名称、作用及安装位置</td><td>10</td><td></td></tr>
<tr><td>5</td><td colspan="4">能查阅资料，明确汽车发动机水温高故障的检修内容、检修流程及检修方法</td><td>15</td><td></td></tr>
<tr><td>6</td><td colspan="4">能遵守劳动纪律，以积极的态度接受工作任务</td><td>10</td><td></td></tr>
<tr><td>7</td><td colspan="4">能积极参与小组讨论，发挥团队合作精神</td><td>10</td><td></td></tr>
<tr><td>8</td><td colspan="4">能及时完成教师布置的任务</td><td>10</td><td></td></tr>
<tr><td colspan="5">总 分</td><td>100</td><td></td><td></td></tr>
<tr><td>小结
建议</td><td colspan="7"></td></tr>
</table>

学习活动 2　冷却液的检查与更换

学习目标

1. 能描述冷却液的组成成分、特性及选用要求。
2. 能描述冰点测试仪的作用，正确使用冰点测试仪。
3. 能分析冷却液变质的原因，明确冷却液故障的检修内容和检修方法。
4. 能规范地完成冷却液的检查与更换。

建议学时：4 学时。

学习过程

一、冷却液的组成成分、特性及选用要求

发动机冷却液（图 1-2-1）又名防冻液，其作为汽车发动机冷却系统中不可缺少的部分，目前在市场上的种类也比较多，如何正确选用冷却液是一个重要的问题。

图 1-2-1　冷却液

1．什么是冷却液？它由哪些成分组成？

2．冷却液具有哪些特性？

3．冷却液的选用要求有哪些？

二、冰点测试仪的作用及使用

1. 冰点测试仪的外形如图 1-2-2 所示，查阅资料，简述冰点测试仪主要用于检测哪些参数。

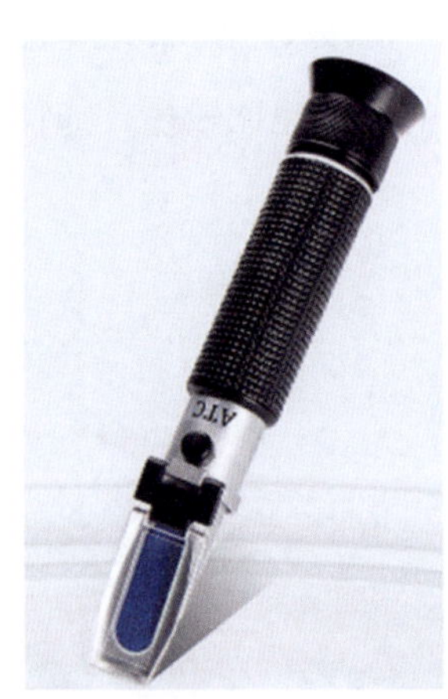
图 1-2-2　冰点测试仪

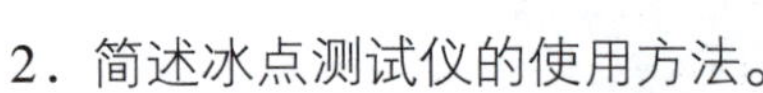
2．简述冰点测试仪的使用方法。

三、制订检修方案

1．查阅资料，回答下列问题。

（1）造成冷却液变质的原因有哪些？

（2）冷却液出现故障时，应主要从哪些方面对其进行检查？采用什么检修方法？

（3）简述更换冷却液的步骤。

2．根据具体工作内容，明确小组成员分工，填写表 1–2–1。

表 1–2–1　小组成员分工

姓名	分工

3．根据要求列出维修所需主要工具及材料清单，填写表 1–2–2。

表 1–2–2　维修所需主要工具及材料清单

序号	工具及材料名称	单位	数量	备注

4．根据小组分工情况及客户要求，制订具体的维修工序，填写表 1-2-3。

表 1-2-3　　维修工序安排

序号	维修工序内容	备注

四、检查与更换冷却液

1．检查冷却液液位

冷却液的液位检查是通过观察冷却液膨胀箱内的液面位置来确定的，冷却液的液面位置应在最低（min）和最高（max）两条标记线之间，如图 1-2-3 所示。

图 1-2-3　标记线

查阅资料，简述如何正确观测和读取冷却液液位。

2．添加冷却液

如果发现冷却液液面低于冷却液膨胀箱上所标的最低标记线，或打开散热器盖后，观察到冷却液液面较低，说明冷却液发生了泄漏，需要检查冷却液的泄漏部位，一般在泄漏部位会有水垢的痕迹，然后更换发生泄漏的部件，再将冷却液添加到合适的位置。添加冷却液如图 1–2–4 所示。

a)

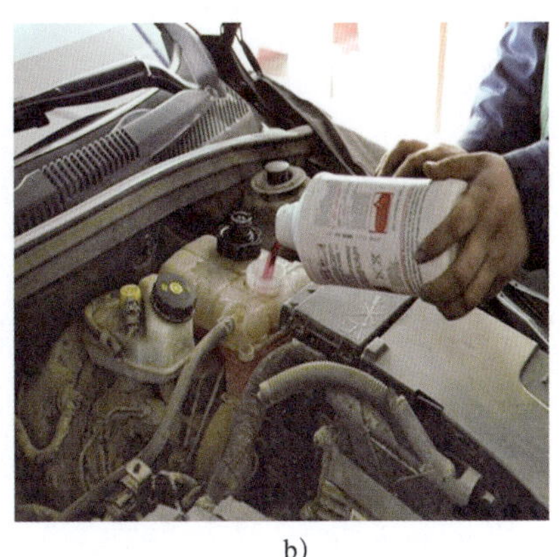

b)

图 1–2–4　添加冷却液

a）打开盖子　b）倒入冷却液

查阅资料，写出添加冷却液的注意事项。

3．检测冷却液性能

冰点测试是对冷却液能否在寒冷环境中使用的一种防冻性能测试，可采用冰点测试仪来检测冷却液冰点的高低。用冰点测试仪检测冷却液的性能如图 1–2–5 所示。

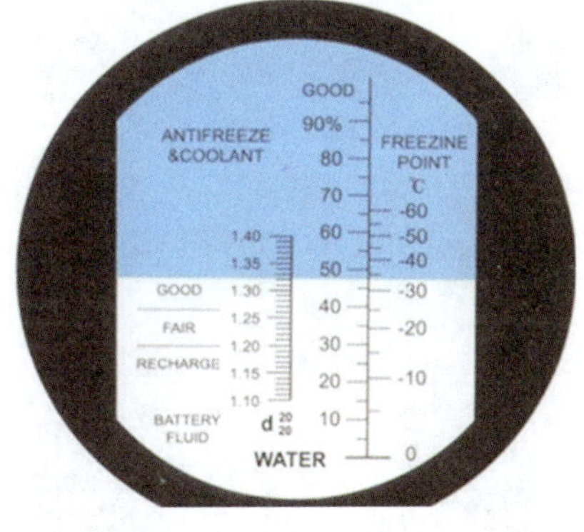

图 1–2–5　用冰点测试仪检测冷却液的性能

（1）通过检测结果，如何辨别冷却液的冰点是否达标?

（2）对冷却液外观的鉴别内容有哪些?

（3）什么是冷却液 pH 值的检测？ pH 值为多大时应停止使用冷却液?

4．更换冷却液

根据表 1–2–4 的操作规范，完成冷却液的更换。

表 1–2–4 更换冷却液

序号	操作图示	作业要领	完成情况
1		排出发动机冷却液。取下散热器盖，松开散热器放水开关，排出冷却液。部分车型要把散热器的出水管拆卸下来才能排出冷却液	完　成□ 未完成□
2		清洗冷却系统。用清水清洗冷却系统，重复 2 ~ 3 次，直至清洗出来的水清澈透明、没有颜色及杂质为止	完　成□ 未完成□

续表

序号	操作图示	作业要领	完成情况
3		重新加注冷却液。拔下空调暖气水管，尽量抬高加热器软管，部分车型还要松开发动机上的排气阀螺钉。注意不能弄丢垫片	完　成□ 未完成□
4		慢慢向冷却系统加注口加注冷却液，直至空调暖气水管有新添加的冷却液流出	完　成□ 未完成□
5	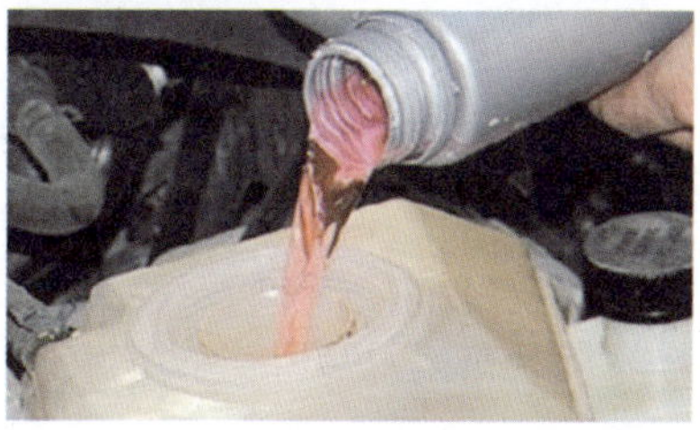	接上空调暖气水管并继续加注冷却液，直至液面达到规定液位高度	完　成□ 未完成□
6		盖上冷却液膨胀箱盖，再次启动发动机，不要踩加速踏板使之怠速运转，暖机到节温器打开，冷却液被带入大循环，此时液面高度会下降	完　成□ 未完成□
7	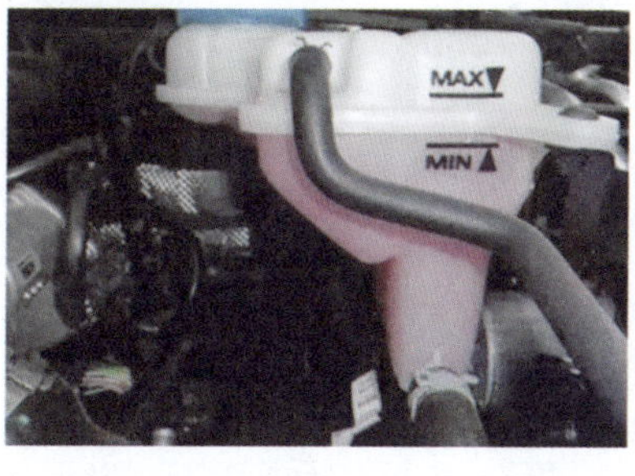	关闭发动机，待温度下降，低于约 50 ℃时，再向冷却液膨胀箱加注冷却液至“max”位置	完　成□ 未完成□

（1）为什么要先取下散热器盖再松开散热器放水开关？（提示：真空度、大气压力的影响会阻碍冷却液的排放）

（2）写出取下散热器盖的注意事项。

（3）简述彻底清洗冷却系统的操作流程和注意事项。

（4）为什么要取下空调暖气水管（或松开发动机上的排气阀螺钉）后，再进行冷却液的加注？

（5）为什么不能在热车时向散热器加注冷却液？冷却液的液面高度在节温器打开后下降的原因是什么？

5．冷却系统泄漏检查

现在大多数发动机都采用封闭式冷却系统，水温升高后，会使系统内的压力升高，可能造成冷却系统泄漏。在进行汽车维修时，若对冷却系统进行检漏，需先加压，加压工具为专用压力测试器，测试步骤如下。

（1）准备专用工具：汽车冷却系统压力测试工具箱，如图 1–2–6 所示。

（2）汽车熄火冷却后，拆下散热器盖。

（3）在工具箱内选择正确的万用接头，安装在原散热器盖的位置。

（4）施加压力至规定压力值，停止加压，观察检漏仪压力表上数值的变化（图 1–2–7）。

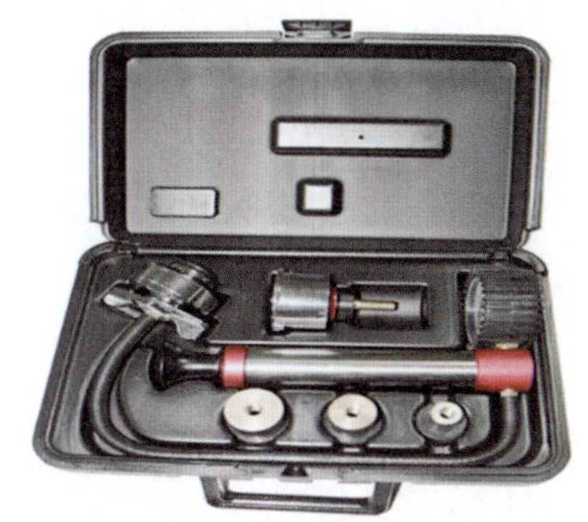

图 1–2–6　汽车冷却系统压力测试工具箱

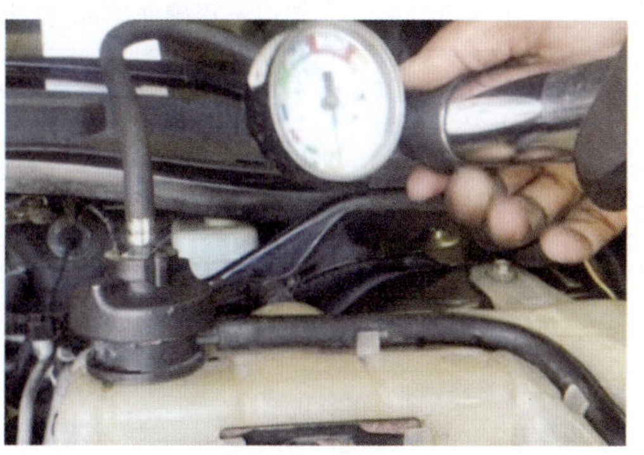

图 1–2–7　测量压力值

查阅资料，回答下列问题。

（1）对冷却系统加压的规定压力为________N。

（2）停止对冷却系统加压后，如何判断冷却系统是否泄漏？

（3）如何对散热器盖进行压力测试检查？

五、学习过程评价

学习过程评价见表 1–2–5。

表 1–2–5 学习过程评价表

班级		姓名		学号		日期	年 月 日
序号	评价要点				配分 / 分	得分	总评 / 分
1	能正确识读和填写工作页，明确学习活动的要求				10		A □（86 ~ 100） B □（76 ~ 85） C □（60 ~ 75） D □（60 以下）
2	能描述冷却液的组成成分、特性及选用要求				10		
3	能描述冰点测试仪的作用，正确使用冰点测试仪				10		
4	能查阅资料，分析冷却液变质的原因，明确冷却液故障的检修内容和检修方法				15		
5	能规范地完成冷却液的检查与更换				25		
6	能遵守劳动纪律，以积极的态度接受工作任务				10		
7	能积极参与小组讨论，发挥团队合作精神				10		
8	能及时完成教师布置的任务				10		
总 分					100		
小结建议							

学习活动 3　节温器的检查与更换

学习目标

1. 能描述节温器的作用、分类、结构和工作原理。

2. 能分析节温器不工作的原因，明确节温器故障的检修内容和检修方法。

3. 能规范地完成节温器的检查与更换。

建议学时：2 学时。

学习过程

一、节温器的作用和分类

1．根据节温器工作循环示意图（图 1–3–1），简述节温器的作用。

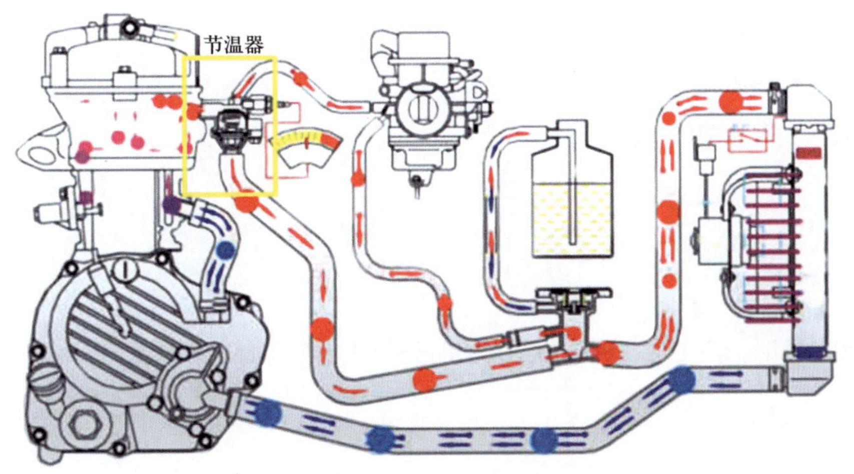

图 1–3–1　节温器工作循环示意图

2．简述节温器的分类。

二、节温器的结构和工作原理

1．简述节温器的结构。（提示：以某一类型的节温器为例，下同）

2．简述节温器的工作原理。

三、制订检修方案

1．查阅资料，回答下列问题。

（1）造成节温器不工作的原因有哪些?

（2）节温器出现故障时，应主要从哪些方面对其进行检查？采用什么检修方法?

2．根据具体工作内容，明确小组成员分工，填写表 1–3–1。

表 1–3–1　小组成员分工

姓名	分工

3．根据要求列出维修所需主要工具及材料清单，填写表 1–3–2。

表 1–3–2　维修所需主要工具及材料清单

序号	工具及材料名称	单位	数量	备注

4．根据小组分工情况及客户要求，制订具体的维修工序，填写表 1–3–3。

表 1–3–3　维修工序安排

序号	维修工序内容	备注

四、检查与更换节温器

1．就车检查节温器

按以下方法进行节温器的就车检查。

（1）发动机启动后，待冷却液温度表指针读数达到规定值时，用手触摸散热器的上水管，若上水管温度迅速上升，说明节温器工作正常，否则说明节温器有故障。

（2）打开散热器盖，加大节气门，若观察到散热器上水室中的冷却液有翻腾现象，说明节温器工作正常，否则说明节温器有故障。

拓展训练

将节温器拆下检查

如图 1–3–2 所示，检查时将节温器放在水中逐渐加热，当水温高于一定数值时，节温器主阀门应开始打开，副阀门应逐渐关闭；当水温超过设定值时，节温器主阀门应全开，全开升程应不小于 8 mm（新节温器全开升程为 9 mm）。若不符合上述要求，则说明节温器有故障，必须予以更换。

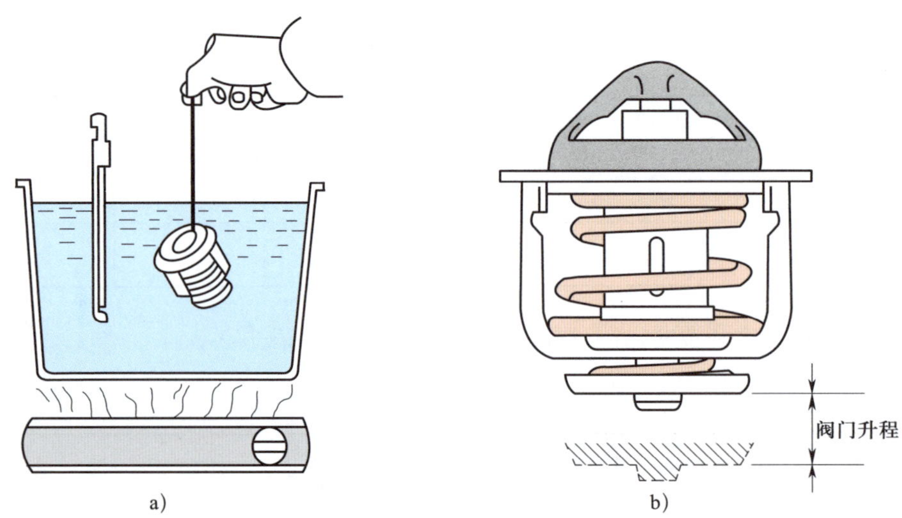

图 1–3–2　将节温器拆下检查

a）加热节温器　b）阀门升程

1. 节温器的工作温度一般为________℃。
2. 验证教学用车节温器属于哪一类型，其工作是否正常。

2．更换节温器

根据节温器位置图（图 1-3-3）和表 1-3-4 的操作规范，完成节温器的更换。

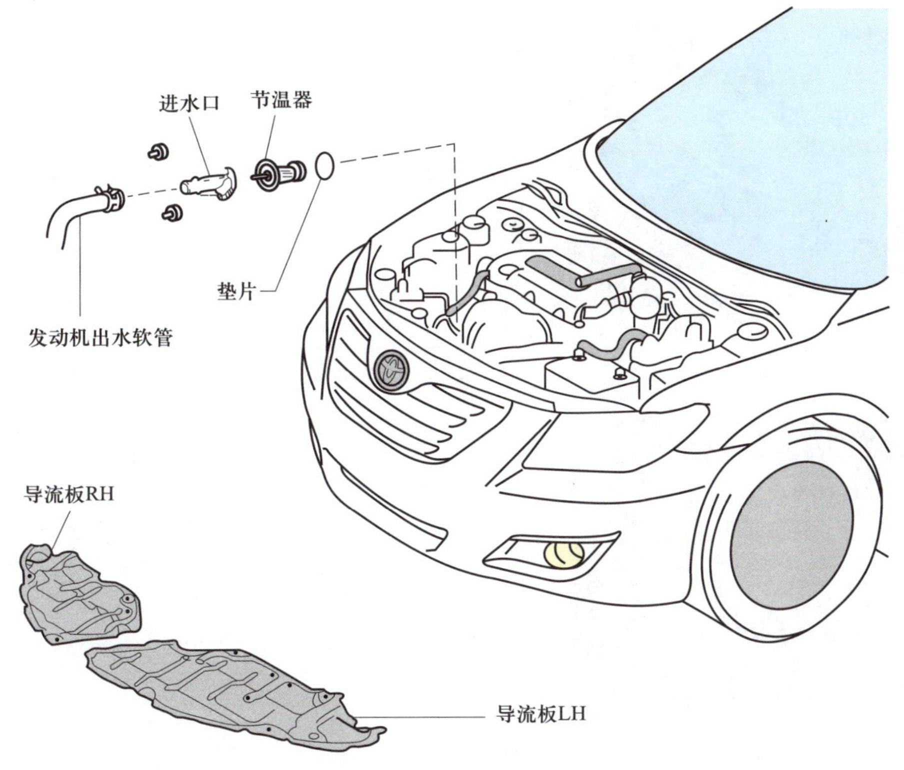

图 1-3-3　节温器位置图

表 1-3-4　更换节温器

序号	操作图示	作业要领	完成情况
1		拆下导流板，部分车辆还安装有发动机护板，应依次将其拆下	完　成□ 未完成□
2		发动机冷却后排出冷却液，并用容器接住。另外也可用专业的设备抽取冷却液，注意不要将冷却液溅到传动带上	完　成□ 未完成□

续表

序号	操作图示	作业要领	完成情况
3		断开散热器进水软管，注意不要损坏接口	完　成□ 未完成□
4		拆卸与安装节温器。在拆卸时应注意做好清洁；在安装时应检查节温器以及垫片，并根据维修手册力矩要求拧紧节温器盖的固定螺栓。规定力矩：______N·m	完　成□ 未完成□
5		安装散热器进水软管。在安装时应除去软管内壁和连接头上的异物，卡箍的位置应和拆卸前一样	完　成□ 未完成□
6	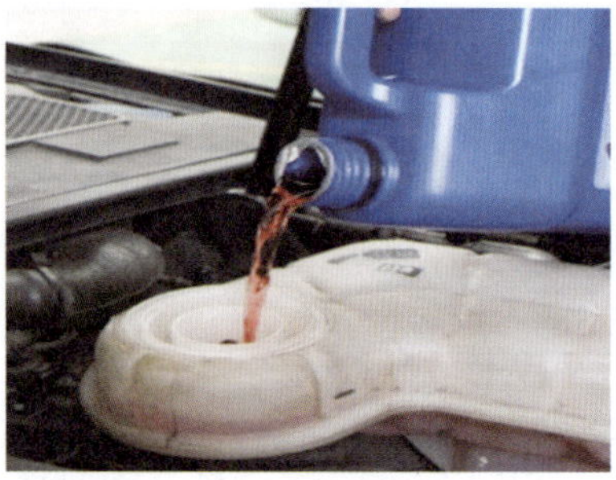	添加发动机冷却液。加注流程应符合相应教学用车维修手册要求	完　成□ 未完成□

续表

序号	操作图示	作业要领	完成情况
7		检查冷却液是否泄漏。根据说明要求正确使用检漏仪，在检查过程中应重点检查各拆装处的密封性	完　成□ 未完成□
8		安装导流板，按要求装上发动机护板，并检查护板有无松动的情况	完　成□ 未完成□

（1）在安装散热器进水软管时，为什么卡箍的安装位置要和拆卸前一样？

（2）更换节温器时，为什么要同时更换冷却液？

（3）更换节温器后，水温高的故障现象是否排除？记录更换过程中遇到的问题。

五、学习过程评价

学习过程评价见表 1–3–5。

表 1–3–5　　学习过程评价表

<table>
<tr><td>班级</td><td></td><td>姓名</td><td></td><td>学号</td><td></td><td>日期</td><td>年　月　日</td></tr>
<tr><td>序号</td><td colspan="5">评价要点</td><td>配分 / 分</td><td>得分</td><td>总评 / 分</td></tr>
<tr><td>1</td><td colspan="5">能正确识读和填写工作页，明确学习活动的要求</td><td>10</td><td></td><td rowspan="8">A □（86 ~ 100）
B □（76 ~ 85）
C □（60 ~ 75）
D □（60 以下）</td></tr>
<tr><td>2</td><td colspan="5">能描述节温器的作用、分类、结构和工作原理</td><td>10</td><td></td></tr>
<tr><td>3</td><td colspan="5">能查阅资料，分析节温器不工作的原因，明确节温器故障的检修内容和检修方法</td><td>15</td><td></td></tr>
<tr><td>4</td><td colspan="5">能规范地完成节温器的检查</td><td>10</td><td></td></tr>
<tr><td>5</td><td colspan="5">能规范地完成节温器的更换</td><td>25</td><td></td></tr>
<tr><td>6</td><td colspan="5">能遵守劳动纪律，以积极的态度接受工作任务</td><td>10</td><td></td></tr>
<tr><td>7</td><td colspan="5">能积极参与小组讨论，发挥团队合作精神</td><td>10</td><td></td></tr>
<tr><td>8</td><td colspan="5">能及时完成教师布置的任务</td><td>10</td><td></td></tr>
<tr><td colspan="6">总　分</td><td>100</td><td></td><td></td></tr>
<tr><td>小结
建议</td><td colspan="8"></td></tr>
</table>

学习活动 4　水泵的检查与更换

学习目标

1. 能描述水泵的作用、分类、结构和工作原理。

2. 能分析水泵工作异常的原因，明确水泵故障的检修内容和检修方法。

3. 能规范地完成水泵的检查与更换。

建议学时：2 学时。

学习过程

一、水泵的作用和分类

水泵与汽车前部的散热器通过软水管相连接，在汽车发动机的缸体里有多条供冷却水循环的水道，它们构成一个大的水循环系统（图 1-4-1）。水泵安装在发动机的上出水口，通过发动机传动带带动其工作。

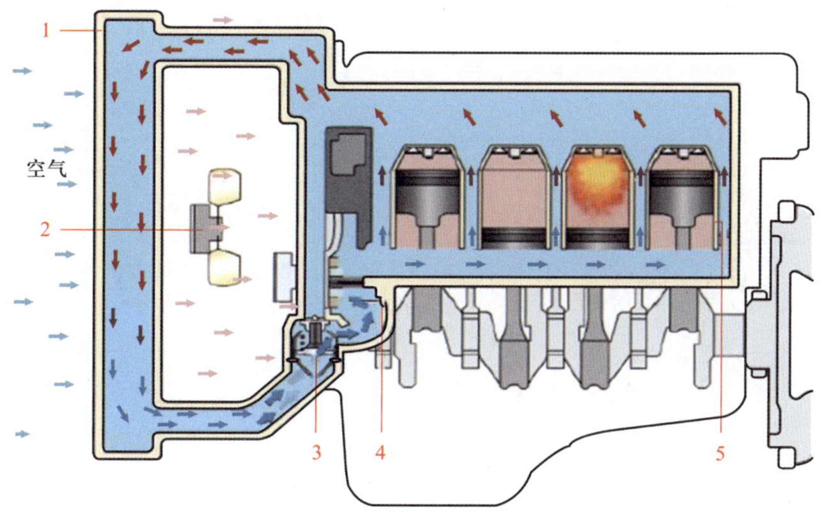

图 1-4-1　水循环系统

1—散热器　2—冷却风扇　3—节温器　4—水泵　5—水套

1．简述水泵的作用。

2．简述水泵的常见类型及其优缺点。

二、水泵的结构和工作原理

1．简述水泵的结构。

2．简述水泵的工作原理。

三、制订检修方案

1．查阅资料，回答下列问题。

（1）造成水泵工作异常的原因有哪些?

（2）水泵出现故障时，应主要从哪些方面对其进行检查？采用什么检修方法?

2．根据具体工作内容，明确小组成员分工，填写表 1–4–1。

表 1–4–1　小组成员分工

姓名	分工

3．根据要求列出维修所需主要工具及材料清单，填写表 1–4–2。

表 1–4–2　维修所需主要工具及材料清单

序号	工具及材料名称	单位	数量	备注

4．根据小组分工情况及客户要求，制订具体的维修工序，填写表 1–4–3。

表 1–4–3　维修工序安排

序号	维修工序内容	备注

四、检查与更换水泵

1．检查水泵

水泵是发动机冷却系统的动力源，其工作正常，可保证发动机温度在正常的范围内，保证内部机件良好的润滑；一旦损坏，发动机温度就会迅速上升，冷却系统失灵，水温报警，并伴有“开锅”等现象。如果发现得晚，且没有采取适当的措施，就会因冷却不良而造成拉缸等重大损失，所以必须在发现水温过高、报警灯亮、“开锅”等现象时，尽快停车检查故障根源，必要时求助维修站解决。

（1）结合冷却系统其他组成部件检查水泵。

在发现水温过高时，如果散热器中的水足够，而发动机上、下水管的温度都很低，水温示值却迅速上升，说明水泵已完全损坏，失去泵水能力，叶轮松脱；如果上、下水管都是热的，冷却风扇也正常运转，冷却液膨胀箱也是畅通的，节温器也能正常打开，但水温就是上升得很快，可以判断水泵叶轮已在转轴上打滑。水温低时，故障现象不明显，水温一高叶轮就会明显打滑，致使水泵泵水能力下降，水循环能力下降，其散热效果就会大大下降，这时需要更换新的水泵。

（2）检查水泵有无漏水、轴承异响等现象。

发现水泵漏水、轴承异响等现象时，应及时更换新的水泵。图 1–4–2 所示为对水泵进行检查。

图 1–4–2　对水泵进行检查

通过实践和查阅资料，回答下列问题。

（1）检查水泵时应注意哪些问题?

（2）汽车冷却液温度多少为正常？柴油发动机和汽油发动机的冷却液温度有何区别?

2．更换水泵

（1）拆卸水泵

根据表 1–4–4 的操作规范，完成水泵的拆卸。

表 1–4–4　　拆卸水泵

序号	操作图示	作业要领	完成情况
1		拆下正时传动带。在拆卸时注意传动带的箭头方向	完　成□ 未完成□
2		排出发动机冷却液。详细步骤参考学习活动 2 更换冷却液部分	完　成□ 未完成□

续表

序号	操作图示	作业要领	完成情况
3		拆下水泵连接盘，并拧下水泵上的螺栓	完　成□ 未完成□
4		取下水泵总成	完　成□ 未完成□

在拆卸水泵时有哪些安全注意事项?

（2）安装水泵

除发现水泵故障时需对其进行更换外，在更换正时传动带时，必须仔细检查水泵的工作情况，看其是否有松旷、漏水等现象，如果发现异常，也应及时对其进行更换。因水泵的驱动轮与正时传动带啮合，可能出现水泵卡死的故障，导致正时错乱，使气门、气缸盖、活塞损坏，而且多数是在更换正时传动带后不久出现的故障，所以建议连同水泵一起更换（图 1–4–3）。

图 1–4–3　更换水泵和正时传动带

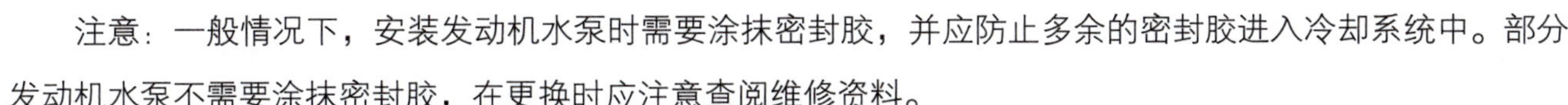

注意：一般情况下，安装发动机水泵时需要涂抹密封胶，并应防止多余的密封胶进入冷却系统中。部分发动机水泵不需要涂抹密封胶，在更换时应注意查阅维修资料。

1）简述安装水泵的操作步骤，并写出相关注意事项。

2）检查水泵的安装情况、冷却液有无泄漏以及检修后的运转情况，并记录遇到的问题。

五、学习过程评价

学习过程评价见表 1-4-5。

表 1-4-5　学习过程评价表

班级		姓名		学号		日期	年　月　日
序号	评价要点				配分 / 分	得分	总评 / 分
1	能正确识读和填写工作页，明确学习活动的要求				10		A □（86 ~ 100） B □（76 ~ 85） C □（60 ~ 75） D □（60 以下）
2	能描述水泵的作用、分类、结构和工作原理				20		
3	能查阅资料，分析水泵工作异常的原因，明确水泵故障的检修内容和检修方法				10		
4	能规范地完成水泵的检查				15		
5	能规范地完成水泵的更换				15		
6	能遵守劳动纪律，以积极的态度接受工作任务				10		
7	能积极参与小组讨论，发挥团队合作精神				10		
8	能及时完成教师布置的任务				10		
总　分					100		
小结建议							

学习活动 5　冷却风扇的检查与更换

学习目标

1. 能描述冷却风扇的分类、作用和工作原理。

2. 能分析冷却风扇工作异常的原因，明确冷却风扇故障的检修内容和检修方法。

3. 能规范地完成冷却风扇的检查与更换。

建议学时：2 学时。

学习过程

一、冷却风扇的分类、作用和工作原理

冷却风扇安装在散热器的后面，与水泵同轴，当冷却风扇旋转时对空气产生吸力，以使之沿轴向流动，加速冷却液的冷却。为了提高冷却风扇的效率，冷却风扇外围装设有导风罩，使通过散热器芯的气流分布均匀，且集中穿过冷却风扇，以减少空气回流现象。图 1-5-1 所示为发动机冷却风扇。

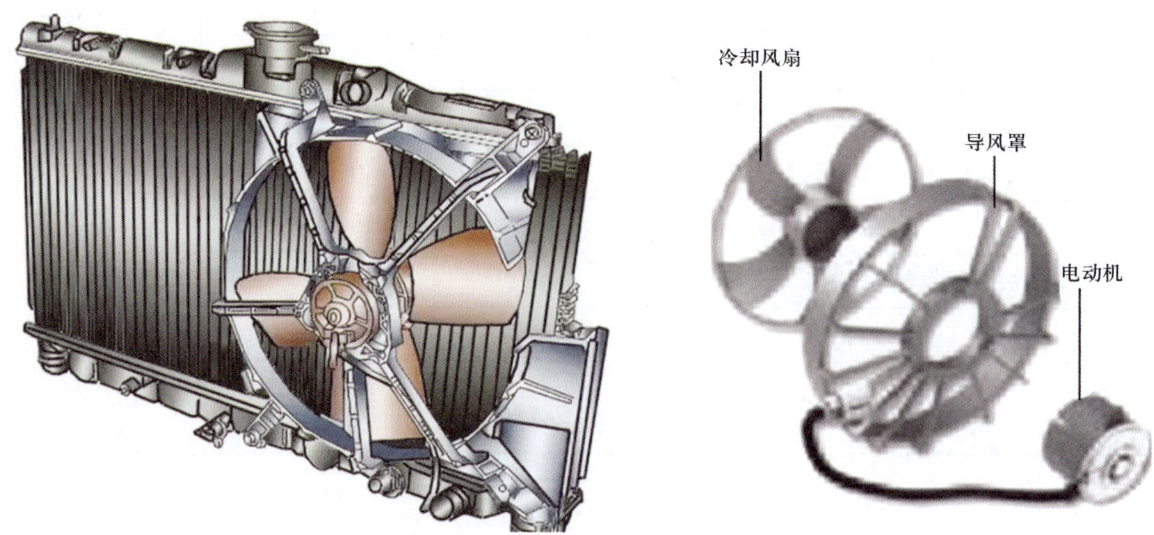

图 1-5-1　发动机冷却风扇

冷却风扇按驱动方式可分为机械传动式、硅油离合器式和电动式冷却风扇，查阅资料，简述它们之间的区别。

1．机械传动式冷却风扇

机械传动式冷却风扇（图 1–5–2）安装于发动机前端，这种类型冷却风扇的直径和转速是按照发动机的最大热负荷工况来设计的，通过散热器芯的风量决定了整机的散热能力。因此，一旦冷却风扇设计选型确定（按极端工况选型），就能满足发动机在极端工况下的热平衡，但在常用工况下，冷却装置的散热能力偏大，将引起过度冷却。

图 1–5–2　机械传动式冷却风扇

（1）简述机械传动式冷却风扇的作用及组成。

（2）简述机械传动式冷却风扇的工作原理。

2．硅油离合器式冷却风扇

硅油离合器（图 1-5-3）安装在风扇与水泵之间，是一种以硅油为介质，利用硅油的高黏度特性来传递转矩的装置。近年来，电子控制硅油离合器的控制模块可以直接读取发动机的实时温度信号，由硅油离合器内部的比例电磁阀根据发动机各部分温度传感器提供的实时温度信号来控制冷却风扇的转速，从而达到更加精确、迅速的调节控制。

图 1-5-3　硅油离合器

（1）简述硅油离合器式冷却风扇的作用及组成。

（2）简述硅油离合器式冷却风扇的工作原理。

3．电动式冷却风扇

电动式冷却风扇（图 1–5–4）以蓄电池为动力，其转速与发动机转速无关。电动式冷却风扇电动机的开关由位于散热器的温度传感器控制，即使发动机已熄火，电动式冷却风扇仍可以转动。

现代轿车一般采用电动式冷却风扇，有些轿车上采用双电动式冷却风扇，双电动式冷却风扇具有噪声小、功率小、冷却效果好等优点，但结构复杂、成本高。

图 1–5–4　电动式冷却风扇

（1）简述电动式冷却风扇的作用及组成。

（2）简述电动式冷却风扇的工作原理。

二、制订检修方案

1．查阅资料，回答下列问题。

（1）造成冷却风扇工作异常的原因有哪些?

（2）冷却风扇出现故障时，应主要从哪些方面对其进行检查？采用什么检修方法?

2．根据具体工作内容，明确小组成员分工，填写表 1–5–1。

表 1–5–1 小组成员分工

姓名	分工

3．根据要求列出维修所需主要工具及材料清单，填写表 1–5–2。

表 1–5–2 维修所需主要工具及材料清单

序号	工具及材料名称	单位	数量	备注

4．根据小组分工情况及客户要求，制订具体的维修工序，填写表 1–5–3。

表 1–5–3　维修工序安排

序号	维修工序内容	备注

三、检查与更换冷却风扇

1．检查冷却风扇在低温下的工作情况

（1）将点火开关置于“ON”位置，检查冷却风扇是否转动。如果冷却风扇没有转动，则检查冷却风扇继电器、熔丝和发动机冷却液温度传感器是否损坏，并检查它们之间是否存在断路。

（2）断开发动机冷却液温度传感器连接器，检查冷却风扇是否转动。如果冷却风扇没有转动，则检查 ECM 及其线路、冷却风扇是否损坏。

（3）若以上检查均正常，重新连接发动机冷却液温度传感器连接器，此时冷却风扇应转动。

通过实践和查阅资料，回答下列问题。

（1）多少摄氏度以下称为低温？不同温度下发动机的运行参数是否有变化？

（2）拔出发动机冷却液温度传感器，冷却风扇还会工作吗？试分析原因。

2．检查冷却风扇在高温下的工作情况

（1）启动发动机，并将发动机冷却液温度升高到工作温度。

建议：用发动机冷却液温度传感器在出水口检测发动机冷却液温度。

（2）检查并确认空调开关关闭。

（3）检查冷却风扇是否转动。如果冷却风扇没有转动，则检查发动机冷却液温度传感器、冷却风扇、线束和连接器。

查阅资料，分析冷却风扇在高温下有哪几种工作状态。

拓展训练

测试冷却风扇

测试冷却风扇可以使用故障诊断仪的元件测试功能来完成，如图 1-5-5 所示。

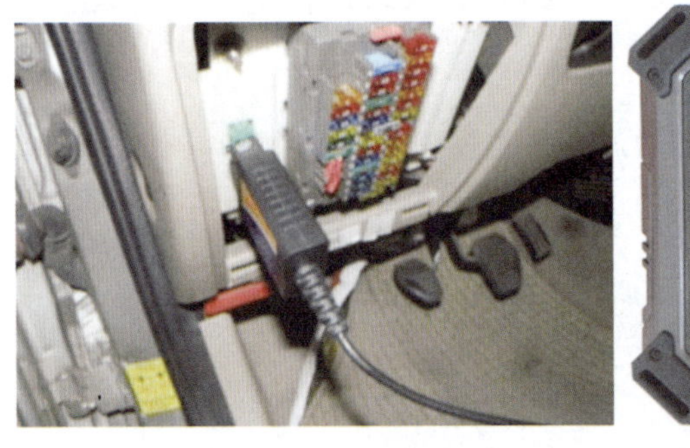

图 1-5-5 测试冷却风扇

1. 接入故障诊断仪。

2. 将点火开关置于“ON”位置。

3. 进入相应的菜单项。

4. 使用故障诊断仪操作冷却风扇。

5. 观察冷却风扇是否转动。若冷却风扇转动，则检查下一个可疑部位；若冷却风扇不转动，则检查冷却风扇电路。

3．更换冷却风扇

根据表 1-5-4 的操作规范，完成冷却风扇的更换。

表 1-5-4　　更换冷却风扇

序号	操作图示	作业要领	完成情况
1		拆下发动机进气管（仅拆空气滤清器前端的即可），注意操作前应断开蓄电池负极，且不要损坏卡扣件	完　成□ 未完成□
2		拆下前保险杠上端的护块，注意不要损坏卡扣件，部分汽车还需要拆下前照灯或前保险杠	完　成□ 未完成□
3		断开冷却风扇电动机上的线束接头，并将线束移到一边，注意不要损坏插接器，以防止内部防水圈脱落	完　成□ 未完成□
4		拆下冷却风扇四个角的螺栓，并卸下冷却风扇	完　成□ 未完成□
5		将新的冷却风扇正确安装在风扇架上。全部安装完成后，把冷却风扇和风扇架整体正确复位	完　成□ 未完成□
6		根据维修手册力矩要求拧紧冷却风扇四个角的螺栓并连接好插接线。规定力矩：______N·m	完　成□ 未完成□

续表

序号	操作图示	作业要领	完成情况
7		启动发动机，测试冷却风扇在各个状态下是否能正常转动	完　成□ 未完成□
8		检查无误后，再将进气管以及前保险杠等安装到正确的位置	完　成□ 未完成□

安装好冷却风扇后，还需对其哪些项目进行检测？

四、学习过程评价

学习过程评价见表 1-5-5。

表 1-5-5　　学习过程评价表

<table>
<tr><td>班级</td><td></td><td>姓名</td><td></td><td>学号</td><td></td><td>日期</td><td>年　月　日</td></tr>
<tr><td>序号</td><td colspan="5">评价要点</td><td>配分 / 分</td><td>得分</td><td>总评 / 分</td></tr>
<tr><td>1</td><td colspan="5">能正确识读和填写工作页，明确学习活动的要求</td><td>10</td><td></td><td rowspan="8">A □（86 ~ 100）
B □（76 ~ 85）
C □（60 ~ 75）
D □（60 以下）</td></tr>
<tr><td>2</td><td colspan="5">能描述冷却风扇的分类、作用和工作原理</td><td>20</td><td></td></tr>
<tr><td>3</td><td colspan="5">能查阅资料，分析冷却风扇工作异常的原因，明确冷却风扇故障的检修内容和检修方法</td><td>10</td><td></td></tr>
<tr><td>4</td><td colspan="5">能规范地完成冷却风扇的检查</td><td>15</td><td></td></tr>
<tr><td>5</td><td colspan="5">能规范地完成冷却风扇的更换</td><td>15</td><td></td></tr>
<tr><td>6</td><td colspan="5">能遵守劳动纪律，以积极的态度接受工作任务</td><td>10</td><td></td></tr>
<tr><td>7</td><td colspan="5">能积极参与小组讨论，发挥团队合作精神</td><td>10</td><td></td></tr>
<tr><td>8</td><td colspan="5">能及时完成教师布置的任务</td><td>10</td><td></td></tr>
<tr><td colspan="6">总　分</td><td>100</td><td></td><td></td></tr>
<tr><td>小结
建议</td><td colspan="8"></td></tr>
</table>

学习活动 6　散热器的检查与更换

学习目标

1. 能描述散热器的作用、结构和工作原理。

2. 能分析散热器散热不良的原因，明确散热器故障的检修内容和检修方法。

3. 能规范地完成散热器的检查与更换。

建议学时：2 学时。

学习过程

一、散热器的作用、结构和工作原理

发动机冷却液在散热器芯内流动，空气在散热器芯外通过。热的冷却液向空气散热而变冷，冷空气则因吸收冷却液散出的热量而升温，所以散热器可以看作是一个热交换器。散热器与发动机的连接如图 1–6–1 所示。

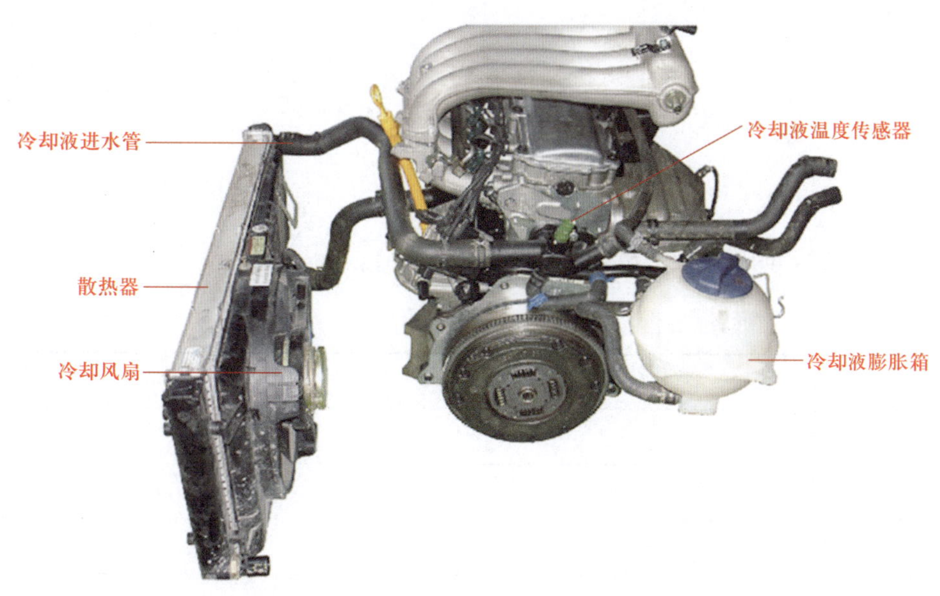

图 1–6–1　散热器与发动机的连接

1．简述散热器的作用。

2．简述散热器的结构特点和工作原理。

二、制订检修方案

1．查阅资料，回答下列问题。

（1）造成散热器散热不良的原因有哪些？

（2）散热器出现故障时，应主要从哪些方面对其进行检查？采用什么检修方法？

2．根据具体工作内容，明确小组成员分工，填写表 1–6–1。

表 1–6–1 小组成员分工

姓名	分工

3．根据要求列出维修所需主要工具及材料清单，填写表 1-6-2。

表 1-6-2　维修所需主要工具及材料清单

序号	工具及材料名称	单位	数量	备注

4．根据小组分工情况及客户要求，制订具体的维修工序，填写表 1-6-3。

表 1-6-3　维修工序安排

序号	维修工序内容	备注

三、检查与更换散热器

1．就车检查散热器

查阅资料，简述散热器就车检查的具体内容和步骤。

拓展训练

将散热器拆下检查

1. 浸入水槽检查散热器

拆下散热器总成后（图 1-6-2），用膨胀式橡胶堵住进水管口和出水管口，从加水口向散热器内充入 30 ~ 80 kPa 的压缩空气，然后将散热器浸入水槽，若有气泡冒出，说明散热器有泄漏。

图 1-6-2 散热器总成

2. 散热器芯管堵塞检查

查阅资料，简述散热器芯管堵塞检查的具体步骤。

3. 散热器盖的检查

使用专用手动打压器给散热器盖加压，当打压器上的压力表读数突然下降时，说明蒸汽放出阀打开，当压力降低后蒸汽放出阀自动关闭。蒸汽放出阀的开启压力应符合规定，如 CA610 型柴油发动机蒸汽放出阀的开启压力为 29.42 kPa。

2．更换散热器

（1）根据表 1-6-4 的操作规范，完成散热器的拆卸。

表 1-6-4　拆卸散热器

序号	操作图示	作业要领	完成情况
1	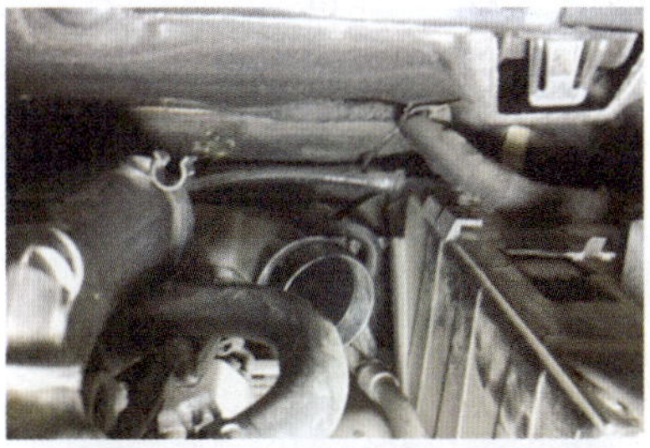	断开蓄电池负极端子，排出散热器中的冷却液，注意要在发动机冷却后执行此操作，切勿将发动机冷却液溅到传动带上	完　成□ 未完成□
2		拆下进气管及空气滤清器（进气端），部分车型还需要拆除前保险杠（保险杠的拆除方法参照相应车型的维修手册）	完　成□ 未完成□
3	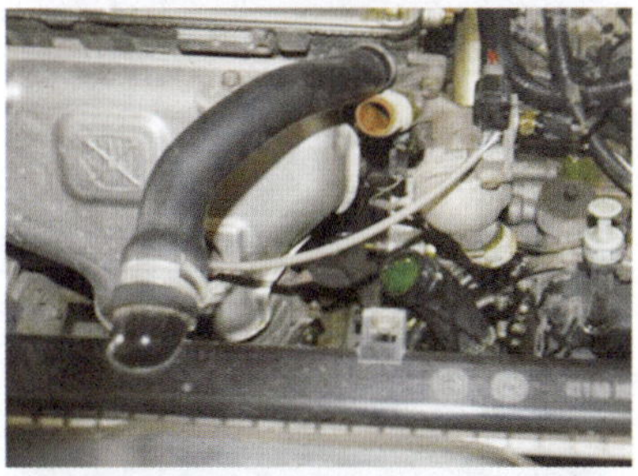	断开散热器软管，注意进、出水软管都要同时断开	完　成□ 未完成□
4		断开冷却风扇电动机上的线束接头，并将线束移到一边，注意不要损坏插接器，以防止内部防水圈脱落	完　成□ 未完成□
5		拆卸散热器总成，拆卸时勿损坏或刮伤 A/C 冷凝器和散热器芯	完　成□ 未完成□

1）散热器上有上、下水两个软管，如何区分进、出水？

2）拆下的散热器总成该如何存放？为什么要采取这样的措施？

（2）安装新的散热器，并简述安装的具体操作步骤。

四、学习过程评价

学习过程评价见表 1–6–5。

表 1–6–5　　学习过程评价表

<table>
<tr><td>班级</td><td></td><td>姓名</td><td></td><td>学号</td><td></td><td>日期</td><td>年　月　日</td></tr>
<tr><td>序号</td><td colspan="5">评价要点</td><td>配分 / 分</td><td>得分</td><td>总评 / 分</td></tr>
<tr><td>1</td><td colspan="5">能正确识读和填写工作页，明确学习活动的要求</td><td>10</td><td></td><td rowspan="8">A □（86 ~ 100）
B □（76 ~ 85）
C □（60 ~ 75）
D □（60 以下）</td></tr>
<tr><td>2</td><td colspan="5">能描述散热器的作用、结构和工作原理</td><td>20</td><td></td></tr>
<tr><td>3</td><td colspan="5">能查阅资料，分析散热器散热不良的原因，明确散热器故障的检修内容和检修方法</td><td>10</td><td></td></tr>
<tr><td>4</td><td colspan="5">能规范地完成散热器的检查</td><td>15</td><td></td></tr>
<tr><td>5</td><td colspan="5">能规范地完成散热器的更换</td><td>15</td><td></td></tr>
<tr><td>6</td><td colspan="5">能遵守劳动纪律，以积极的态度接受工作任务</td><td>10</td><td></td></tr>
<tr><td>7</td><td colspan="5">能积极参与小组讨论，发挥团队合作精神</td><td>10</td><td></td></tr>
<tr><td>8</td><td colspan="5">能及时完成教师布置的任务</td><td>10</td><td></td></tr>
<tr><td colspan="6">总　分</td><td>100</td><td></td><td></td></tr>
<tr><td>小结
建议</td><td colspan="8"></td></tr>
</table>

学习活动 7　工作总结与评价

学习目标

1. 能以小组形式对学习过程和成果进行汇报总结。
2. 能完成对学习过程的综合评价。

建议学时：2 学时。

学习过程

一、工作总结

在世界技能大赛中，要求选手具有一定的组织规划、沟通、创新等能力，这在实际的生产工作中是十分必要的。以小组为单位，选择演示文稿、展板、海报、视频等形式中的一种或几种，向全班展示、汇报学习成果。

二、综合评价

针对本任务的学习情况，根据表 1-7-1 所列综合评价标准进行评分。

表 1-7-1　综合评价标准

评价项目	评价内容及标准	配分 / 分	评分		
			自我评价	小组评价	教师评价
组织和管理	团队合作，合理计划，高效管理时间	3			
	及时检查工作进展和效果	3			
	保证高质量完成工作	4			
沟通能力	深度咨询客户，完全理解其要求	10			
	提供明确说明，准确回答客户疑问	10			
计划创新能力	及时处理工作中遇到的问题	10			
	提出创新性、可行性建议，提高客户满意度	10			

续表

评价项目	评价内容及标准	配分 / 分	评分		
			自我评价	小组评价	教师评价
专业知识	熟悉汽车冷却系统各零部件的作用、组成、分类、原理等理论知识	10			
	熟悉汽车发动机水温高故障检修知识	10			
实践能力	具备汽车发动机冷却液检查与更换技能	5			
	具备汽车发动机节温器检查与更换技能	5			
	具备汽车发动机水泵检查与更换技能	5			
	具备汽车发动机冷却风扇检查与更换技能	10			
	具备汽车发动机散热器检查与更换技能	5			
学生姓名		综合评价得分			
指导教师		日期			

三、学习任务一整体评价

学习任务一整体评价见表 1–7–2。

表 1–7–2 学习任务一整体评价表

项目	自我评价			小组评价			教师评价		
	10 ~ 9 分	8 ~ 6 分	5 ~ 1 分	10 ~ 9 分	8 ~ 6 分	5 ~ 1 分	10 ~ 9 分	8 ~ 6 分	5 ~ 1 分
	占总评 10%			占总评 30%			占总评 60%		
学习活动 1									
学习活动 2									
学习活动 3									
学习活动 4									
学习活动 5									
学习活动 6									
学习活动 7									
协作精神									
纪律观念									
表达与分析能力									

续表

项目	自我评价			小组评价			教师评价		
	10 ~ 9 分	8 ~ 6 分	5 ~ 1 分	10 ~ 9 分	8 ~ 6 分	5 ~ 1 分	10 ~ 9 分	8 ~ 6 分	5 ~ 1 分
	占总评 10%			占总评 30%			占总评 60%		
工作态度									
任务总体表现									
小计 / 分									
总评 / 分									

世赛知识

中国加入世界技能组织

2010 年 10 月 3 日至 10 日，中国代表团一行 6 人赴牙买加首都金斯敦参加了世界技能组织召开的 2010 年世界技能组织全体大会（以下简称“大会”），大会于 2010 年 10 月 7 日表决通过，正式接纳中国加入世界技能组织，中国成为该组织的第 53 个成员。

时任人力资源和社会保障部国际合作司副司长戴晓初作为中国在世界技能组织的行政代表在大会上发言，详细介绍了我国职业培训制度及职业技能竞赛的相关情况，并从时任世界技能组织主席杰克·杜塞尔多普的手中接过了世界技能组织成员证书。谈及 2010 年牙买加会议的重要意义，时任人力资源和社会保障部副部长王晓初说，中国加入世界技能组织，参加世界技能竞赛，有利于我国学习借鉴世界各国促进技能培训和开展技能竞赛的经验，推动国内职业技能竞赛活动的开展，营造学习技能人才、尊重技能人才、争当技能人才的良好社会氛围。同时，参加世界技能竞赛，可以构建职业技术交流国际平台，为我国优秀技能人才展示才华绝技、展现技能成果创造条件，对宣传我国高技能人才工作和人力资源能力建设的成果，扩大我国在职业培训领域的影响力，培养造就具有国际水平的高技能人才队伍具有重要意义。

学习任务二　汽车发动机不能启动故障检修

学习目标

1. 能描述点火系统的作用、分类、组成和点火特点，明确汽车发动机不能启动故障的检修内容、检修流程及检修方法。

2. 能描述火花塞的作用、分类、结构、工作原理及选用要求，分析火花塞不点火的原因，并能进行火花塞的检查与更换。

3. 能描述点火线圈的组成、作用和特点，正确判别点火线圈的初、次级及其品质好坏，分析点火线圈不工作的原因，并能进行点火线圈的检查与更换。

4. 能对维修场地的相关设备进行日常维护与保养，按6S管理规定清理现场。

5. 能对相关资料、互联网资源进行检索，完成维修工单、工作页的填写。

6. 能展示工作成果，进行任务评价，总结工作经验，优化检修方案。

7. 能在作业过程中严格执行企业操作规范、安全生产制度、环保管理制度，严格遵守从业人员的职业道德，具有吃苦耐劳、爱岗敬业的工作态度和职业责任感。

16学时

工作情境描述

一辆轿车进厂检修，客户反映汽车无法启动，经维修技师检查初步判断为发动机点火系统故障。汽车维修人员需要根据维修手册的相关要求，在规定时间内（参照维修资料）完成发动机点火系统的检查与零部件的更换，完成后交付验收。

工作流程与活动

1．点火系统的认知（2学时）

2．火花塞的检查与更换（6 学时）

3．点火线圈的检查与更换（6 学时）

4．工作总结与评价（2 学时）

思维导图

学习任务二　汽车发动机不能启动故障检修

- 学习活动1　点火系统的认知
  - 点火系统的作用和分类
  - 点火系统的组成
  - 单缸独立点火和双缸同时点火
  - 认知实训车辆或实训台的发动机点火系统
  - 汽车发动机不能启动故障分析
- 学习活动2　火花塞的检查与更换
  - 火花塞的作用和分类
  - 火花塞的结构、工作原理及选用要求
  - 制订检修方案
  - 检查与更换火花塞
- 学习活动3　点火线圈的检查与更换
  - 点火线圈的组成、作用和特点
  - 点火线圈初、次级判别和品质判别
  - 制订检修方案
  - 检查与更换点火线圈
- 学习活动4　工作总结与评价
  - 工作总结
  - 综合评价
  - 学习任务二整体评价

学习活动1　点火系统的认知

学习目标

1. 能描述点火系统的作用、分类和组成。

2. 能描述单缸独立点火和双缸同时点火的特点。

3. 能在发动机台架上正确找到点火系统相关的零部件。

4. 能通过查阅资料，明确汽车发动机不能启动故障的检修内容、检修流程及检修方法。

建议学时：2学时。

学习过程

一、点火系统的作用和分类

1．简述点火系统的作用。

2．点火系统有哪些类型?

二、点火系统的组成

1．电控点火系统主要由点火开关、蓄电池、点火线圈、发动机控制单元（ECU）、凸轮轴位置传感器、曲轴位置传感器、火花塞等组成，如图 2–1–1 所示。

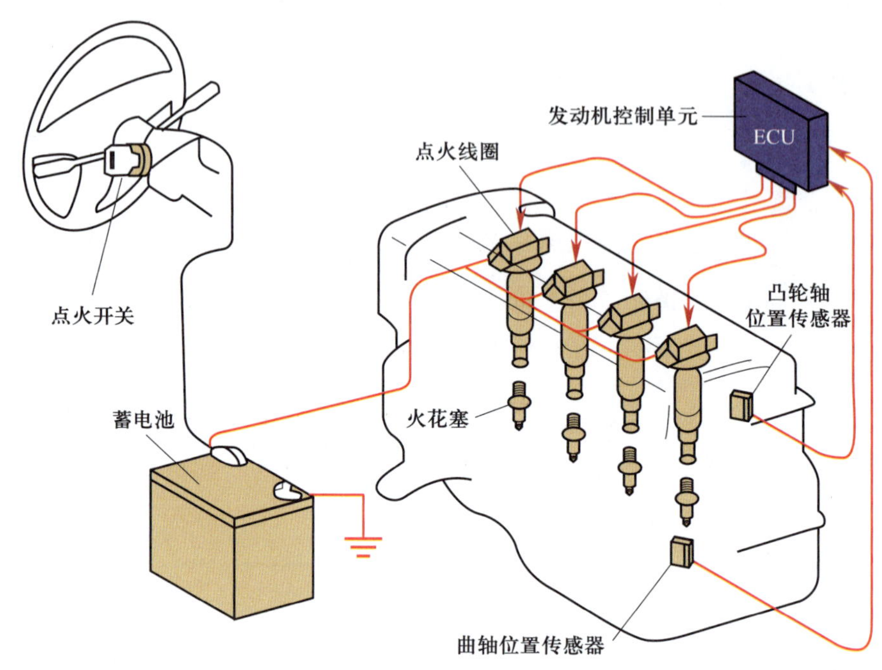

图 2–1–1　电控点火系统的组成

2．根据实物图，填写发动机点火系统各组成零部件的名称及作用（表 2–1–1）。

表 2–1–1　发动机点火系统各组成零部件的名称及作用

零部件名称	实物图	作用

续表

零部件名称	实物图	作用

三、单缸独立点火和双缸同时点火

查阅资料，简述单缸独立点火和双缸同时点火的特点。

四、认知实训车辆或实训台的发动机点火系统

对照实训车辆或实训台的发动机点火系统，以小组为单位绘制一张点火系统工作原理简图，并向其他组展示和说明该系统各组成零部件的名称、作用和安装位置。

五、汽车发动机不能启动故障分析

汽车发动机不能启动一般是因发动机点火系统故障导致的。根据你对发动机点火系统的了解，小组讨论汽车发动机不能启动时，应主要对发动机点火系统的哪些方面进行检修，以及对应的检修流程和检修方法等，将讨论结果填写在下面的横线上并向其他组展示和说明。

____

____

____

____

____

____

____

____

____

六、学习过程评价

学习过程评价见表 2–1–2。

表 2–1–2　　学习过程评价表

<table>
<tr><td>班级</td><td></td><td>姓名</td><td></td><td>学号</td><td></td><td>日期</td><td>年　月　日</td></tr>
<tr><td>序号</td><td colspan="5">评价要点</td><td>配分 / 分</td><td>得分</td><td>总评 / 分</td></tr>
<tr><td>1</td><td colspan="5">能正确识读和填写工作页，明确学习活动的要求</td><td>10</td><td></td><td rowspan="8">A □（86 ~ 100）
B □（76 ~ 85）
C □（60 ~ 75）
D □（60 以下）</td></tr>
<tr><td>2</td><td colspan="5">能描述点火系统的作用、分类和组成</td><td>20</td><td></td></tr>
<tr><td>3</td><td colspan="5">能描述单缸独立点火和双缸同时点火的特点</td><td>15</td><td></td></tr>
<tr><td>4</td><td colspan="5">能对照实物，正确说出点火系统各组成零部件的名称、作用及安装位置</td><td>10</td><td></td></tr>
<tr><td>5</td><td colspan="5">能查阅资料，明确汽车发动机不能启动故障的检修内容、检修流程及检修方法</td><td>15</td><td></td></tr>
<tr><td>6</td><td colspan="5">能遵守劳动纪律，以积极的态度接受工作任务</td><td>10</td><td></td></tr>
<tr><td>7</td><td colspan="5">能积极参与小组讨论，发挥团队合作精神</td><td>10</td><td></td></tr>
<tr><td>8</td><td colspan="5">能及时完成教师布置的任务</td><td>10</td><td></td></tr>
<tr><td colspan="6">总　分</td><td>100</td><td></td><td></td></tr>
<tr><td>小结
建议</td><td colspan="8"></td></tr>
</table>

学习活动 2　火花塞的检查与更换

学习目标

1. 能描述火花塞的作用、分类、结构、工作原理及选用要求。

2. 能分析火花塞不点火的原因，明确火花塞故障的检修内容和检修方法。

3. 能规范地完成火花塞的检查与更换。

建议学时：6 学时。

学习过程

一、火花塞的作用和分类

火花塞是发动机正常工作必不可少的部件，在混合气被吸入气缸中压缩后，必须要经过火花塞的点燃才能完成做功，所以在一定程度上火花塞的性能表现会直接影响混合气的点燃爆发。在点燃过程中火花塞的电极会发生损耗，其损耗量与电极材质的熔点、硬度等因素有关。火花塞的组成及位置如图 2-2-1 所示。

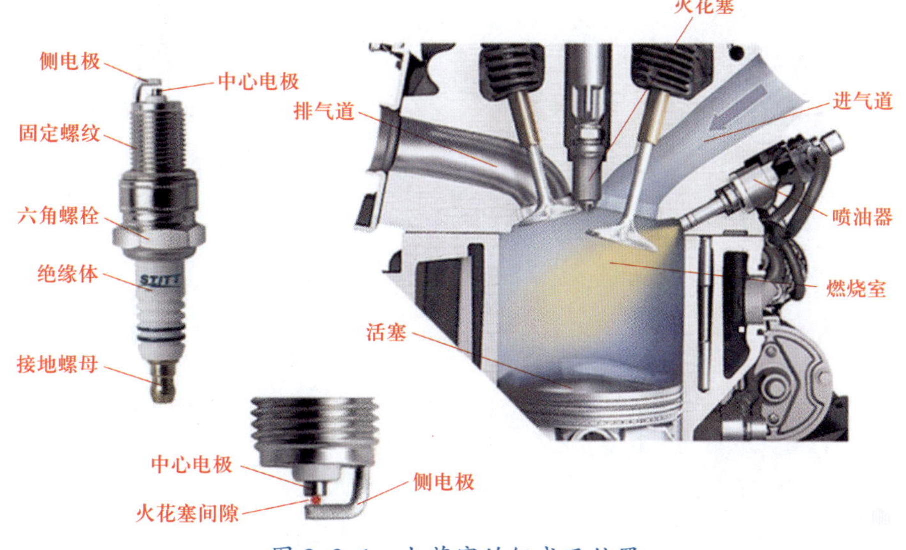

图 2-2-1　火花塞的组成及位置

1．简述火花塞的作用。

2．火花塞主要有两种分类方式，一种是按照热值高低来分，另一种是按照电极材料来分，它们各分为哪些类型？

二、火花塞的结构、工作原理及选用要求

1．简述火花塞的结构特点。

2．简述火花塞的工作原理。

3．学校教学用车火花塞的点火电压是多少？在选用时有哪些要求？

三、制订检修方案

1．查阅资料，回答下列问题。

（1）造成火花塞不点火的原因有哪些?

（2）火花塞出现故障时，应主要从哪些方面对其进行检查？采用什么检修方法?

2．根据具体工作内容，明确小组成员分工，填写表 2-2-1。

表 2-2-1　小组成员分工

姓名	分工

3．根据要求列出维修所需主要工具及材料清单，填写表 2-2-2。

表 2-2-2　维修所需主要工具及材料清单

序号	工具及材料名称	单位	数量	备注

4．根据小组分工情况及客户要求，制订具体的维修工序，填写表 2–2–3。

表 2–2–3　维修工序安排

序号	维修工序内容	备注

四、检查与更换火花塞

发动机不能启动可能是因火花塞故障引起的，根据表 2–2–4 的操作规范，完成火花塞的检查与更换。

表 2–2–4　检查与更换火花塞

序号	操作图示	作业要领	完成情况
1		打开发动机机舱盖，拆掉发动机装饰罩	完　成□ 未完成□
2		找到火花塞的安装位置，拔出高压线或点火线圈（有高压线的注意其放置顺序）	完　成□ 未完成□
3		用专用工具或专用套筒依次拧下火花塞，注意不要损坏火花塞	完　成□ 未完成□

续表

序号	操作图示	作业要领	完成情况
4		观察火花塞点火端部是否有沉积物、烧蚀等情况。若有沉积物，应将其清除；若火花塞烧蚀，应视情况予以更换	完　成□ 未完成□
5		安装新的火花塞，由于火花塞的绝缘部分是采用陶瓷材料制作的，在放入火花塞时，注意避免损坏	完　成□ 未完成□
6		根据维修手册力矩要求逐个拧紧火花塞。规定力矩：______N·m	完　成□ 未完成□
7		装回高压线或点火线圈，在安装时注意点火顺序	完　成□ 未完成□

续表

序号	操作图示	作业要领	完成情况
8		启动发动机进行测试，这时发动机应运转正常，怠速及加速无抖动	完　成□ 未完成□
9		装回发动机装饰罩，关好发动机机舱盖	完　成□ 未完成□

1．在拆卸火花塞的过程中，应注意哪些问题?

2．清除火花塞点火端部沉积物时，应注意哪些问题?

3．在安装火花塞的过程中应注意哪些问题?

拓展训练

将火花塞拆下检查

1. 测量火花塞间隙（图 2-2-2）

通常测量火花塞间隙使用的工具是塞尺，在测量前应做好火花塞顶部清洁。传统点火系统火花塞间隙一般为 0.6 ~ 0.8 mm，电子点火系统火花塞间隙一般为 0.9 ~ 1.2 mm，当火花塞间隙小于 0.6 mm 或大于 1.2 mm 时需要对其进行调整。

2. 测量火花塞绝缘电阻（图 2-2-3）

使用万用表欧姆挡进行测量，万用表显示电阻应为无穷大，否则应更换火花塞。

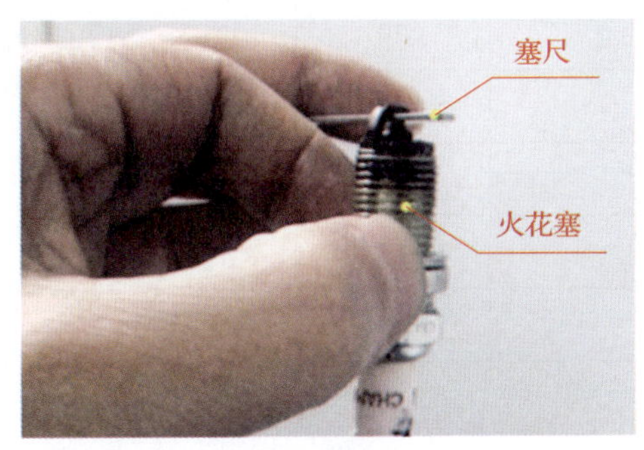

图 2-2-2　测量火花塞间隙

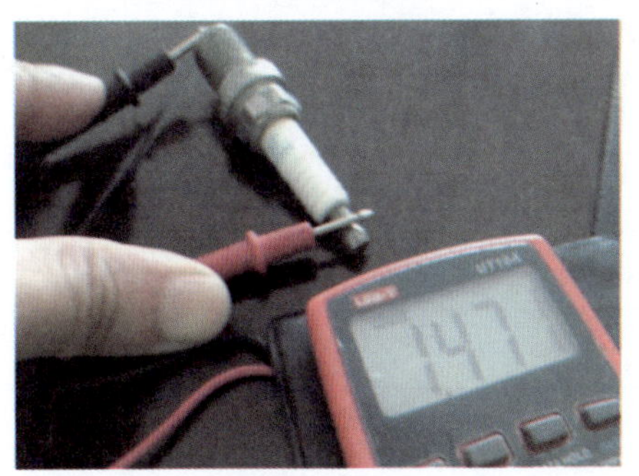

图 2-2-3　测量火花塞绝缘电阻

查阅资料，回答下列问题。

（1）简述测量火花塞间隙的操作方法。

（2）简述测量火花塞绝缘电阻的操作方法。

五、学习过程评价

学习过程评价见表 2-2-5。

表 2-2-5　　学习过程评价表

<table>
<tr><td>班级</td><td></td><td>姓名</td><td></td><td>学号</td><td></td><td>日期</td><td>年　月　日</td></tr>
<tr><td>序号</td><td colspan="5">评价要点</td><td>配分 / 分</td><td>得分</td><td>总评 / 分</td></tr>
<tr><td>1</td><td colspan="5">能正确识读和填写工作页，明确学习活动的要求</td><td>10</td><td></td><td rowspan="7">A □（86 ~ 100）
B □（76 ~ 85）
C □（60 ~ 75）
D □（60 以下）</td></tr>
<tr><td>2</td><td colspan="5">能描述火花塞的作用、分类、结构、工作原理及选用要求</td><td>20</td><td></td></tr>
<tr><td>3</td><td colspan="5">能查阅资料，分析火花塞不点火的原因，明确火花塞故障的检修内容和检修方法</td><td>10</td><td></td></tr>
<tr><td>4</td><td colspan="5">能规范地完成火花塞的检查与更换</td><td>30</td><td></td></tr>
<tr><td>5</td><td colspan="5">能遵守劳动纪律，以积极的态度接受工作任务</td><td>10</td><td></td></tr>
<tr><td>6</td><td colspan="5">能积极参与小组讨论，发挥团队合作精神</td><td>10</td><td></td></tr>
<tr><td>7</td><td colspan="5">能及时完成教师布置的任务</td><td>10</td><td></td></tr>
<tr><td colspan="6">总　分</td><td>100</td><td></td><td></td></tr>
<tr><td>小结
建议</td><td colspan="8"></td></tr>
</table>

学习活动 3　点火线圈的检查与更换

学习目标

1. 能描述点火线圈的组成、作用和特点。

2. 能正确判别点火线圈的初、次级及其品质好坏。

3. 能分析点火线圈不工作的原因，明确点火线圈故障的检修内容和检修方法。

4. 能规范地完成点火线圈的检查与更换。

建议学时：6 学时。

学习过程

一、点火线圈的组成、作用和特点

点火线圈所起的作用类似变压器，它将汽车电源提供的 12 V 低电压瞬间转换为 20 ~ 30 kV 的高电压，点燃混合气，以使汽车正常行驶。

点火系统的发展经历了触点式点火系统、电子点火系统、微机控制点火系统等阶段。传统点火线圈（图 2–3–1）多用于触点式点火系统，它通过凸轮驱动的机械触点控制初级电路的通断，以在次级电路中产生高电压。传统点火线圈现已逐渐被微机控制点火线圈取代。

图 2–3–2 所示为微机控制点火线圈。查阅资料，回答下列问题。

1．传统点火线圈相比微机控制点火线圈，有哪些缺点？

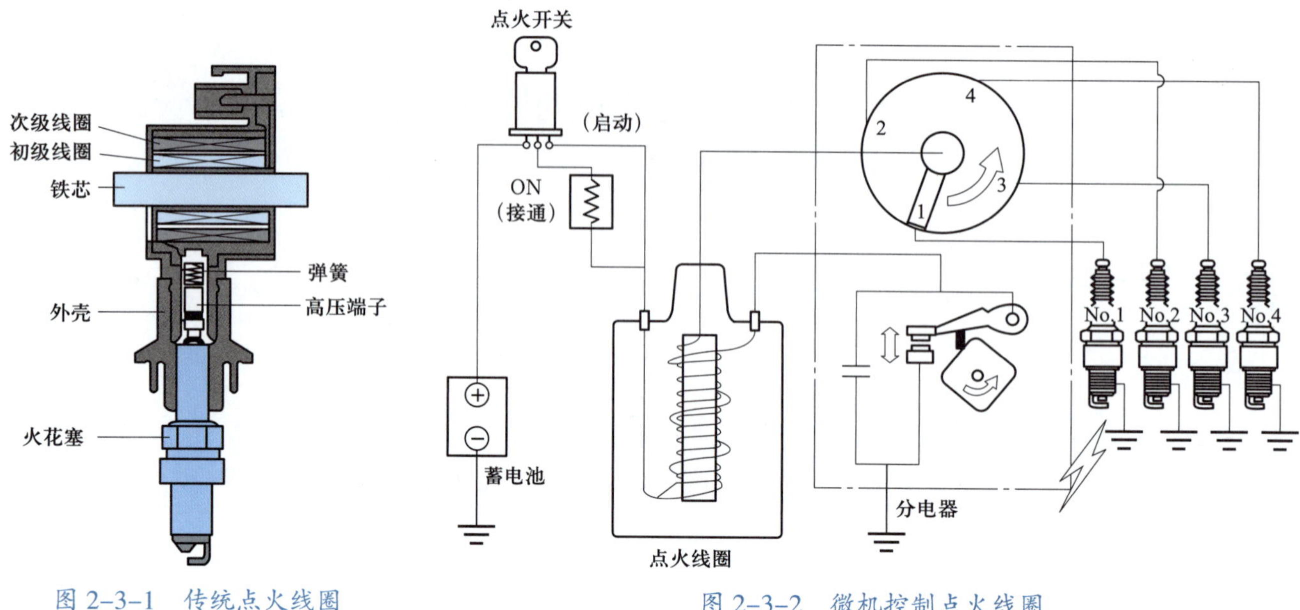

图 2-3-1　传统点火线圈

图 2-3-2　微机控制点火线圈

2．根据是否有反馈控制，点火线圈分为开磁路点火线圈和闭磁路点火线圈两种类型，它们各有哪些特点？

3．根据点火方式，点火线圈分为单缸点火线圈和双缸点火线圈等类型（图 2-3-3、图 2-3-4），它们在选用时应考虑哪些问题？

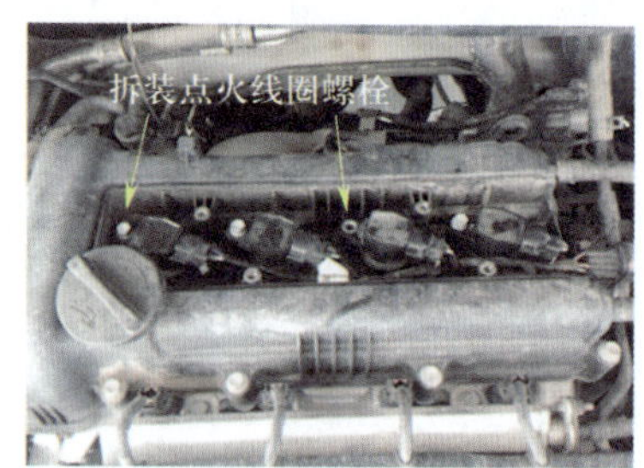

图 2-3-3　单缸点火线圈

图 2-3-4　双缸点火线圈

二、点火线圈初、次级判别和品质判别

1．如何区分点火线圈的初级线圈和次级线圈？

2．如何判别点火线圈的品质？一般多久更换一次点火线圈？

三、制订检修方案

1．查阅资料，回答下列问题。

（1）造成点火线圈不工作的原因有哪些？

（2）点火线圈出现故障时，应主要从哪些方面对其进行检查？采用什么检修方法？

2．根据具体工作内容，明确小组成员分工，填写表 2–3–1。

表 2–3–1　小组成员分工

姓名	分工

3．根据要求列出维修所需主要工具及材料清单，填写表 2–3–2。

表 2–3–2　维修所需主要工具及材料清单

序号	工具及材料名称	单位	数量	备注

4．根据小组分工情况及客户要求，制订具体的维修工序，填写表 2–3–3。

表 2–3–3　维修工序安排

序号	维修工序内容	备注

四、检查与更换点火线圈

发动机不能启动时，可能是因点火线圈故障引起的，根据表 2–3–4 的操作规范，完成点火线圈的检查与更换。

表 2–3–4　检查与更换点火线圈

序号	操作图示	作业要领	完成情况
1		打开发动机机舱盖，拆掉发动机装饰罩	完　成☐ 未完成☐

续表

序号	操作图示	作业要领	完成情况
2		找到点火线圈的安装位置，拔出点火线圈的电源插头，有高压线的注意拔出高压线，并注意插接顺序	完　成□ 未完成□
3		用专用工具拧下固定螺栓，取下点火线圈	完　成□ 未完成□
4		用万用表检测点火线圈是否良好，若性能不良，则更换 （1）测量点火线圈的电阻，区分其初级和次级 （2）将测得的电阻与标准电阻进行比较，以判断点火线圈是否损坏。初级点火线圈和次级点火线圈的电阻分别为______Ω 和______Ω	完　成□ 未完成□
5	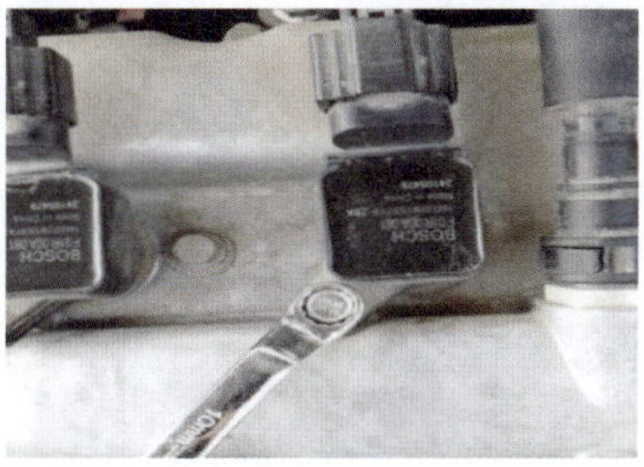	安装新的点火线圈，并根据维修手册力矩要求拧紧固定螺栓。规定力矩：______N · m	完　成□ 未完成□
6		连接好相关线束，有高压线的车辆按要求连接好高压线	完　成□ 未完成□

续表

序号	操作图示	作业要领	完成情况
7		启动发动机进行测试，这时发动机应运转正常，怠速及加速无抖动	完　成□ 未完成□
8		装回发动机装饰罩，关好发动机机舱盖	完　成□ 未完成□

1．在拆卸点火线圈时应注意哪些问题?

2．简述拆卸单缸点火线圈和双缸点火线圈的区别。

五、学习过程评价

学习过程评价见表 2–3–5。

表 2–3–5　　学习过程评价表

班级		姓名		学号		日期	年　月　日
序号	评价要点				配分 / 分	得分	总评 / 分
1	能正确识读和填写工作页，明确学习活动的要求				10		A □（86 ~ 100） B □（76 ~ 85） C □（60 ~ 75） D □（60 以下）
2	能描述点火线圈的组成、作用和特点				10		
3	能正确判别点火线圈的初、次级及其品质好坏				10		
4	能查阅资料，分析点火线圈不工作的原因，明确点火线圈故障的检修内容和检修方法				10		
5	能规范地完成点火线圈的检查与更换				30		
6	能遵守劳动纪律，以积极的态度接受工作任务				10		
7	能积极参与小组讨论，发挥团队合作精神				10		
8	能及时完成教师布置的任务				10		
总　分					100		
小结建议							

学习活动 4　工作总结与评价

学习目标

1. 能以小组形式，对学习过程和成果进行汇报总结。
2. 能完成对学习过程的综合评价。

建议学时：2 学时。

学习过程

一、工作总结

在世界技能大赛中，要求选手具有一定的组织规划、沟通、创新等能力，这在实际的生产工作中是十分必要的。以小组为单位，选择演示文稿、展板、海报、视频等形式中的一种或几种，向全班展示、汇报学习成果。

二、综合评价

针对本任务的学习情况，根据表 2-4-1 所列综合评价标准进行评分。

表 2-4-1　　综合评价标准

评价项目	评价内容及标准	配分 / 分	评分		
			自我评价	小组评价	教师评价
组织和管理	团队合作，合理计划，高效管理时间	3			
	及时检查工作进展和效果	3			
	保证高质量完成工作	4			
沟通能力	深度咨询客户，完全理解其要求	10			
	提供明确说明，准确回答客户疑问	10			
计划创新能力	及时处理工作中遇到的问题	10			
	提出创新性、可行性建议，提高客户满意度	10			

续表

评价项目	评价内容及标准	配分 / 分	评分		
			自我评价	小组评价	教师评价
专业知识	熟悉汽车点火系统各零部件的作用、组成、分类、原理等理论知识	10			
	熟悉汽车发动机不能启动故障检修知识	10			
实践能力	具备汽车发动机火花塞检查与更换技能	15			
	具备汽车发动机点火线圈检查与更换技能	15			
学生姓名		综合评价得分			
指导教师		日期			

三、学习任务二整体评价

学习任务二整体评价见表 2–4–2。

表 2–4–2　　学习任务二整体评价表

项目	自我评价			小组评价			教师评价		
	10 ~ 9 分	8 ~ 6 分	5 ~ 1 分	10 ~ 9 分	8 ~ 6 分	5 ~ 1 分	10 ~ 9 分	8 ~ 6 分	5 ~ 1 分
	占总评 10%			占总评 30%			占总评 60%		
学习活动 1									
学习活动 2									
学习活动 3									
学习活动 4									
协作精神									
纪律观念									
表达与分析能力									
工作态度									
任务总体表现									
小计 / 分									
总评 / 分									

世赛知识

中国参赛历程

虽然中国参加世界技能大赛起步比较晚，但在世界技能大赛中国组委会的有效组织和协调下，五次征战，次次有突破，累计获得 36 枚金牌、29 枚银牌、20 枚铜牌和 58 个优胜奖，以优异的成绩向世界充分展现了“中国制造”的力量。

1　首战伦敦

2011 年 10 月，在英国伦敦举行的第 41 届世界技能大赛上，中国首次组团参加了 6 个项目的比赛，获得 1 枚银牌和 5 个优胜奖。

2　挺进莱比锡

2013 年 7 月，在德国莱比锡举行的第 42 届世界技能大赛上，中国代表团参加了 22 个项目的比赛，获得 1 枚银牌、3 枚铜牌和 13 个优胜奖。

3　圆梦圣保罗

2015 年 8 月，在巴西圣保罗举行的第 43 届世界技能大赛上，中国代表团参加了 29 个项目的比赛，获得 5 枚金牌、6 枚银牌、4 枚铜牌和 11 个优胜奖，实现了金牌零的突破。

4　竞技阿布扎比

2017 年 10 月，在阿联酋阿布扎比举行的第 44 届世界技能大赛上，中国代表团参加了 47 个项目的比赛，获得 15 枚金牌、7 枚银牌、8 枚铜牌和 12 个优胜奖，金牌总数、奖牌总数和团体总分均位列第一，创造了我国参赛以来的最好成绩。

5　征战喀山

2019 年 8 月，在俄罗斯喀山举行的第 45 届世界技能大赛上，中国代表团参加了全部 56 个项目的比赛，获得 16 枚金牌、14 枚银牌、5 枚铜牌和 17 个优胜奖，金牌总数、奖牌总数和团体总分再次位列第一，获得了历史最好成绩。

下表是中国参加世界技能大赛的相关信息。

中国参加世界技能大赛的相关信息

年份	赛事	地点	参赛项目数量	参赛选手数量	获得成果
2011 年	第 41 届世界技能大赛	英国伦敦	6	6	1 枚银牌 5 个优胜奖
2013 年	第 42 届世界技能大赛	德国莱比锡	22	26	1 枚银牌 3 枚铜牌 13 个优胜奖

续表

年份	赛事	地点	参赛项目数量	参赛选手数量	获得成果
2015 年	第 43 届世界技能大赛	巴西圣保罗	29	32	5 枚金牌 6 枚银牌 4 枚铜牌 11 个优胜奖
2017 年	第 44 届世界技能大赛	阿联酋阿布扎比	47	52	15 枚金牌 7 枚银牌 8 枚铜牌 12 个优胜奖
2019 年	第 45 届世界技能大赛	俄罗斯喀山	56	63	16 枚金牌 14 枚银牌 5 枚铜牌 17 个优胜奖
合　计					36 枚金牌 29 枚银牌 20 枚铜牌 58 个优胜奖

学习任务三　汽车汽油发动机加速无力故障检修

学习目标

1. 能描述汽油机燃料供给系统的作用、分类、组成和工作原理，明确汽车汽油发动机加速无力故障的检修内容、检修流程及检修方法。

2. 能描述汽油机燃油泵的作用、分类、组成和工作原理，分析汽油机燃油泵故障的原因，并能进行汽油机燃油泵的检查与更换。

3. 能描述空气滤清器的作用、分类、组成、清洁和保养方法，分析空气滤清器不工作的原因，并能进行空气滤清器的检查与更换。

4. 能描述汽油机燃油供给系统压力的检测条件和检测方法，分析汽油机燃油供给系统压力异常的原因，并能进行汽油机燃油供给系统压力的检测。

5. 能描述节气门的作用、分类、组成和特点，分析节气门积碳过多的原因，并能进行节气门的检查与清洗。

6. 能描述汽油机喷油器的作用、分类和组成，分析汽油机喷油器喷油不良的原因，并能进行汽油机喷油器的检查与清洗。

7. 能对维修场地的相关设备进行日常维护与保养，按6S管理规定清理现场。

8. 能对相关资料、互联网资源进行检索，完成维修工单、工作页的填写。

9. 能展示工作成果，进行任务评价，总结工作经验，优化检修方案。

10. 能在作业过程中严格执行企业操作规范、安全生产制度、环保管理制度，严格遵守从业人员的职业道德，具有吃苦耐劳、爱岗敬业的工作态度和职业责任感。

建议学时

26学时

工作情境描述

一辆轿车进厂检修，客户反映汽车出现启动多次才着车且加速无力现象，经维修技师检查初步判断为发动机燃料供给系统故障。汽车维修人员需要根据维修手册的相关要求，在规定时间内（参照维修资料）完成发动机燃料供给系统的检查与零部件的更换，完成后交付验收。

工作流程与活动

1. 燃料供给系统的认知（4 学时）
2. 燃油泵的检查与更换（4 学时）
3. 空气滤清器的检查与更换（4 学时）
4. 燃油供给系统压力的检测（4 学时）
5. 节气门的检查与清洗（4 学时）
6. 喷油器的检查与清洗（4 学时）
7. 工作总结与评价（2 学时）

思维导图

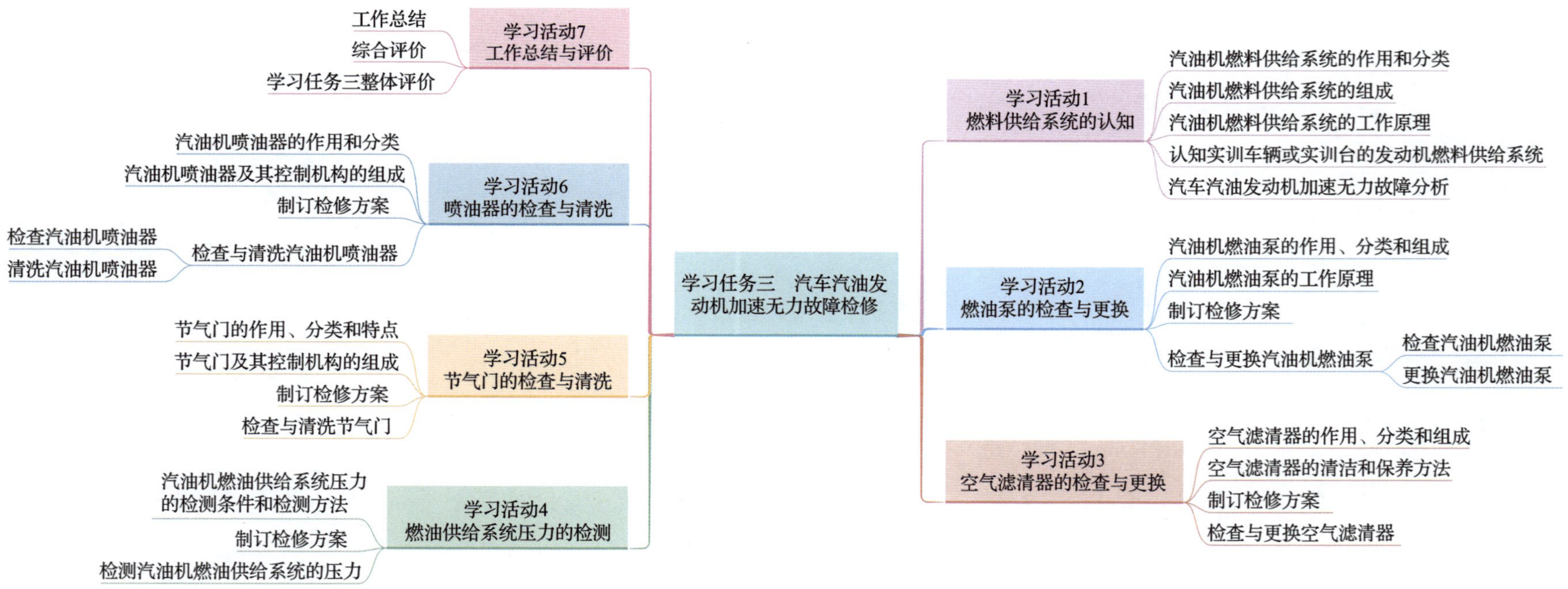

- 学习任务三 汽车汽油发动机加速无力故障检修
  - 学习活动1 燃料供给系统的认知
    - 汽油机燃料供给系统的作用和分类
    - 汽油机燃料供给系统的组成
    - 汽油机燃料供给系统的工作原理
    - 认知实训车辆或实训台的发动机燃料供给系统
    - 汽车汽油发动机加速无力故障分析
  - 学习活动2 燃油泵的检查与更换
    - 汽油机燃油泵的作用、分类和组成
    - 汽油机燃油泵的工作原理
    - 制订检修方案
    - 检查与更换汽油机燃油泵
      - 检查汽油机燃油泵
      - 更换汽油机燃油泵
  - 学习活动3 空气滤清器的检查与更换
    - 空气滤清器的作用、分类和组成
    - 空气滤清器的清洁和保养方法
    - 制订检修方案
    - 检查与更换空气滤清器
  - 学习活动4 燃油供给系统压力的检测
    - 汽油机燃油供给系统压力的检测条件和检测方法
    - 制订检修方案
    - 检测汽油机燃油供给系统的压力
  - 学习活动5 节气门的检查与清洗
    - 节气门的作用、分类和特点
    - 节气门及其控制机构的组成
    - 制订检修方案
    - 检查与清洗节气门
  - 学习活动6 喷油器的检查与清洗
    - 汽油机喷油器的作用和分类
    - 汽油机喷油器及其控制机构的组成
    - 制订检修方案
    - 检查与清洗汽油机喷油器
      - 检查汽油机喷油器
      - 清洗汽油机喷油器
  - 学习活动7 工作总结与评价
    - 工作总结
    - 综合评价
    - 学习任务三整体评价

学习活动 1　燃料供给系统的认知

学习目标

1. 能描述汽油机燃料供给系统的作用、分类、组成和工作原理。

2. 能在发动机台架上正确找到汽油机燃料供给系统相关的零部件。

3. 能通过查阅资料，明确汽车汽油发动机加速无力故障的检修内容、检修流程及检修方法。

建议学时：4 学时。

学习过程

一、汽油机燃料供给系统的作用和分类

1．简述汽油机燃料供给系统的作用。

2．简述汽油机燃料供给系统的分类。

二、汽油机燃料供给系统的组成

1．汽油机燃料供给系统主要由燃油泵、燃油滤清器、喷油器、节气门、各类传感器等组成，如图 3-1-1 所示。

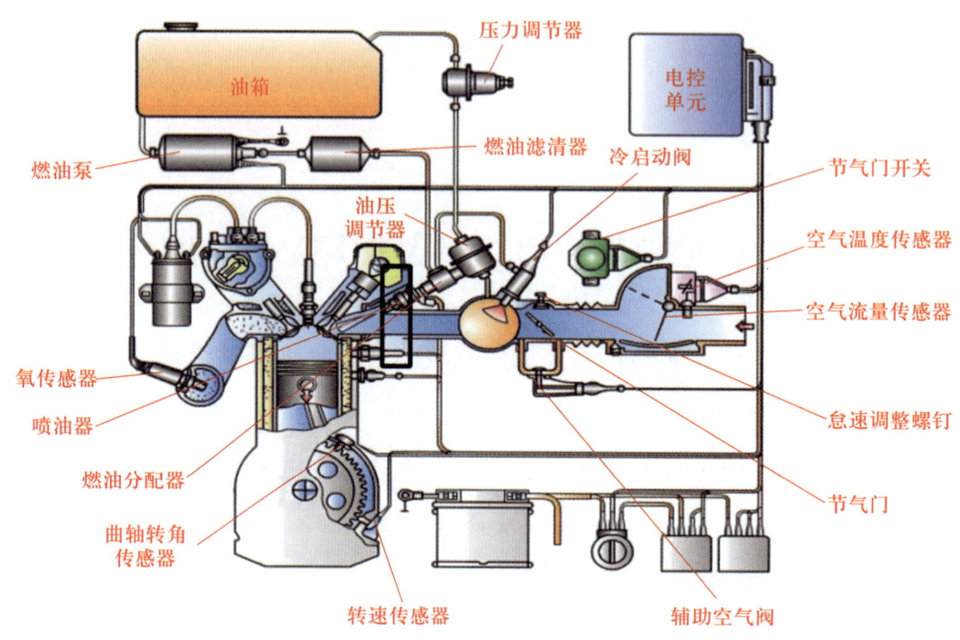

图 3-1-1　汽油机燃料供给系统的组成

2．电子控制式燃料供给系统包括燃油供给部分、空气供给部分、电子控制部分，查阅相关资料，完成以下题目。

（1）燃油供给部分（图 3-1-2）

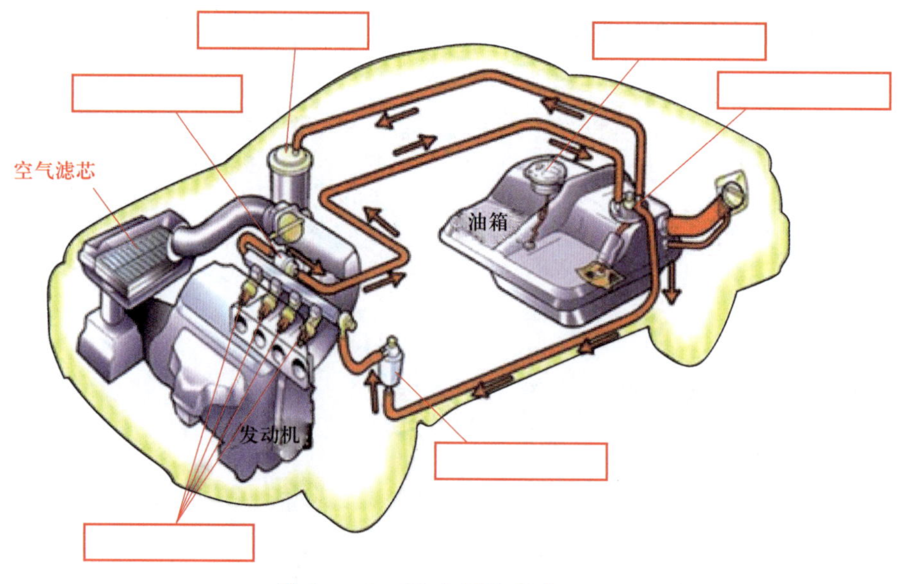

图 3-1-2　燃油供给部分

（2）空气供给部分（图 3-1-3）

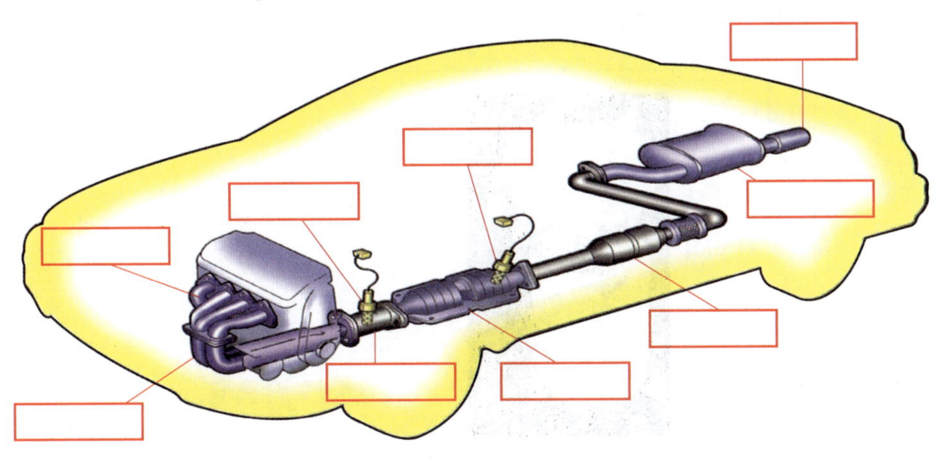

图 3-1-3　空气供给部分

（3）电子控制部分（图 3-1-4）

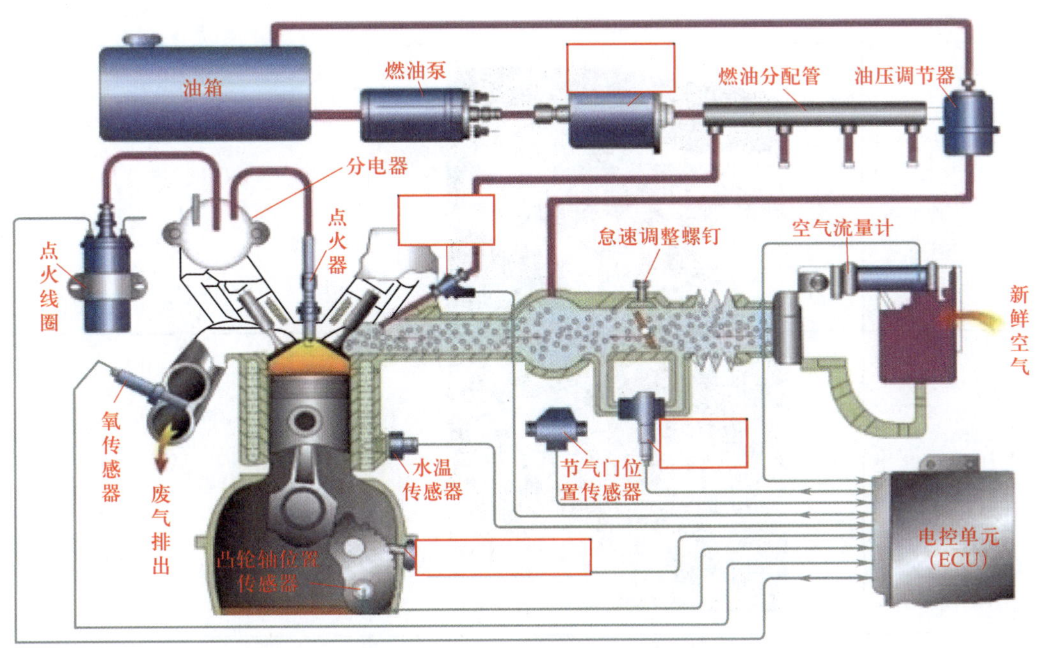

图 3-1-4　电子控制部分

3．根据实物图，填写发动机燃料供给系统各组成零部件的名称及作用（表 3–1–1）。

表 3–1–1　　　　发动机燃料供给系统各组成零部件的名称及作用

零部件名称	实物图	作用
	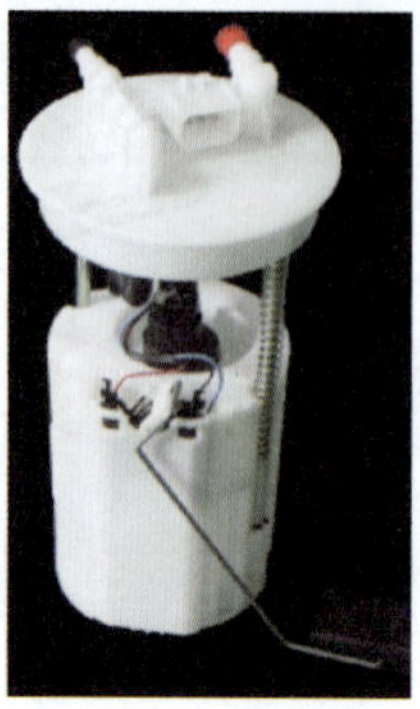	

	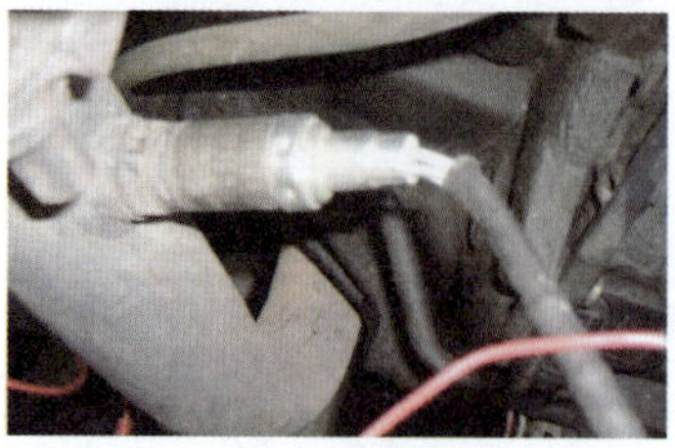	

续表

零部件名称	实物图	作用

三、汽油机燃料供给系统的工作原理

简述汽油机燃料供给系统的工作原理。

四、认知实训车辆或实训台的发动机燃料供给系统

对照实训车辆或实训台的发动机燃料供给系统，以小组为单位绘制一张燃料供给系统工作原理简图，并向其他组展示和说明该系统各组成零部件的名称、作用和安装位置。

五、汽车汽油发动机加速无力故障分析

汽车汽油发动机加速无力一般是因汽油发动机燃料供给系统故障导致的。根据你对汽油发动机燃料供给系统的了解，小组讨论汽车汽油发动机加速无力时，应主要对汽油发动机燃料供给系统的哪些方面进行检修，以及对应的检修流程和检修方法等，将讨论结果填写在下面的横线上并向其他组展示和说明。

____

____

____

____

____

____

____

____

____

____

六、学习过程评价

学习过程评价见表 3–1–2。

表 3–1–2　学习过程评价表

班级		姓名		学号		日期	年　月　日
序号	评价要点				配分 / 分	得分	总评 / 分
1	能正确识读和填写工作页，明确学习活动的要求				10		A □（86 ~ 100） B □（76 ~ 85） C □（60 ~ 75） D □（60 以下）
2	能描述汽油机燃料供给系统的作用、分类和组成				20		
3	能查阅资料，分析汽油机燃料供给系统的工作原理				10		
4	能对照实物，正确说出汽油机燃料供给系统各组成零部件的名称、作用及安装位置				15		
5	能查阅资料，明确汽车汽油发动机加速无力故障的检修内容、检修流程及检修方法				15		
6	能遵守劳动纪律，以积极的态度接受工作任务				10		
7	能积极参与小组讨论，发挥团队合作精神				10		
8	能及时完成教师布置的任务				10		
总　分					100		
小结建议							

学习活动 2　燃油泵的检查与更换

学习目标

1. 能描述汽油机燃油泵的作用、分类、组成和工作原理。

2. 能分析汽油机燃油泵故障的原因，明确汽油机燃油泵故障的检修内容和检修方法。

3. 能规范地完成汽油机燃油泵的检查与更换。

建议学时：4 学时。

学习过程

一、汽油机燃油泵的作用、分类和组成

汽油机燃油泵是电喷汽车燃油喷射系统的基本组成部件之一，位于油箱内部，在发动机启动和运转时工作。

1．简述汽油机燃油泵的作用。

2．简述汽油机燃油泵的分类。

3．查阅资料，在图 3–2–1 中将汽油机燃油泵组成零部件的名称补充完整。

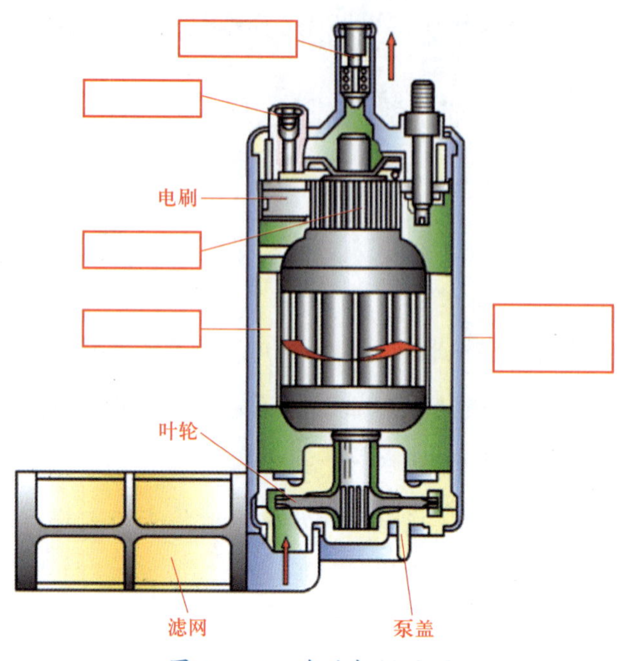

图 3–2–1 汽油机燃油泵

二、汽油机燃油泵的工作原理

1．查阅资料，填写汽油机燃油泵管路流程的主要内容（图 3–2–2）。

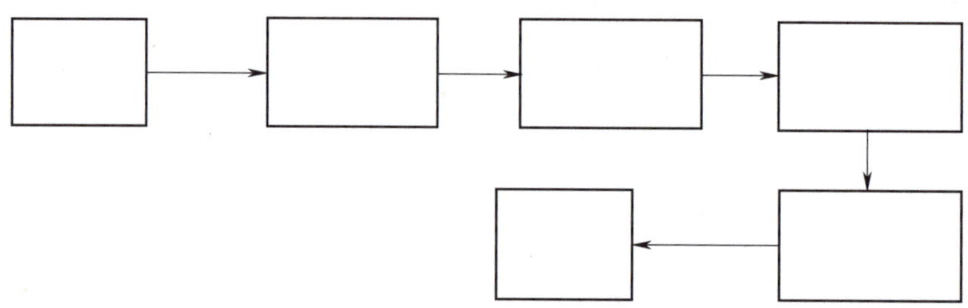

图 3–2–2 汽油机燃油泵管路流程

2．简述汽油机燃油泵的工作原理。

三、制订检修方案

1．查阅资料，回答下列问题。

（1）造成汽油机燃油泵故障的原因有哪些?

（2）汽油机燃油泵出现故障时，应主要从哪些方面对其进行检查？采用什么检修方法?

2．根据具体工作内容，明确小组成员分工，填写表 3-2-1。

表 3-2-1　小组成员分工

姓名	分工

3．根据要求列出维修所需主要工具及材料清单，填写表 3-2-2。

表 3-2-2　维修所需主要工具及材料清单

序号	工具及材料名称	单位	数量	备注

4．根据小组分工情况及客户要求，制订具体的维修工序，填写表 3–2–3。

表 3–2–3　维修工序安排

序号	维修工序内容	备注

四、检查与更换汽油机燃油泵

1．检查汽油机燃油泵

（1）将点火开关关闭 10 s 以上再转至“ON”位置，检查燃油泵是否有故障。若燃油泵及其电路无故障，在油箱处仔细听，应能听到燃油泵工作的声音（图 3–2–3）。

图 3–2–3　在油箱处听燃油泵工作的声音

（2）关闭点火开关，使发动机熄火，检查燃油泵是否有故障。

对诊断座上带有燃油泵测试端子的汽车，可采用如下方法检查燃油泵。

1）用专用导线将诊断座上的燃油泵测试端子跨接到 12 V 电源上，如丰田车系诊断座上有 +B 端子（电源端子）和 FP 端子（燃油泵测试端子），将两端子跨接即可。也可以拆开燃油泵的线束连接器，直接用蓄电池给燃油泵通电，如图 3–2–4 所示。

2）将点火开关转至“ON”位置，但不要启动发动机。

3）拧开油箱盖，此时应能听到燃油泵工作的声音，或用手捏进油管，应感觉有压力。

4）若听不到燃油泵工作的声音或感觉不到进油管有压力，应检修或更换该燃油泵。

5）若按上述方法检查均正常，应检查燃油泵电路导线、继电器和熔体有无断路，如图 3-2-5 所示。

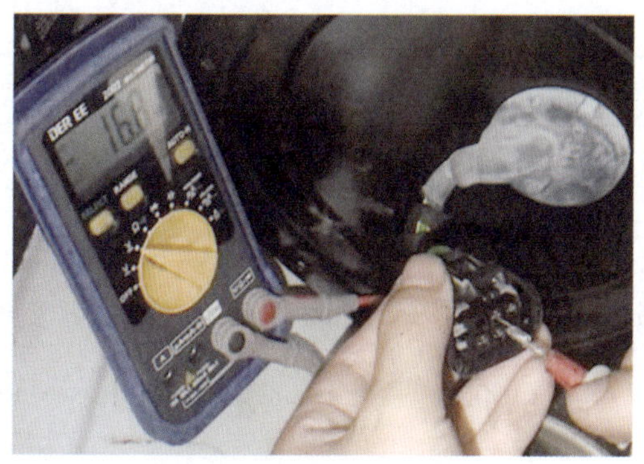

图 3-2-4　检查端子

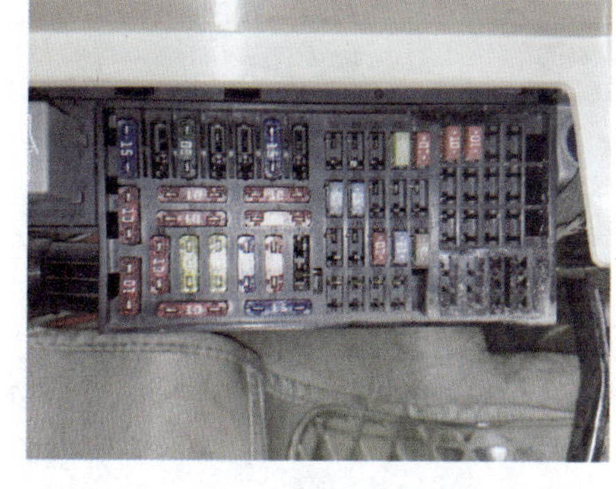

图 3-2-5　检查继电器和熔体等

查阅资料，回答下列问题。

（1）听燃油泵工作的声音时，有哪些注意事项？

（2）简述用数字式万用表检查汽油机燃油泵故障的流程。

（3）当燃油泵正常运转，但依然存在供油压力不足的现象时，其原因有哪些?

2．更换汽油机燃油泵

根据表 3-2-4 的操作规范，完成汽油机燃油泵的更换。

表 3-2-4　　更换汽油机燃油泵

序号	操作图示	作业要领	完成情况
1		准备好拆卸燃油泵的工具，将车辆置于室内水平地面上，将点火开关转至“OFF”位置，拉好驻车制动器	完　成□ 未完成□
2	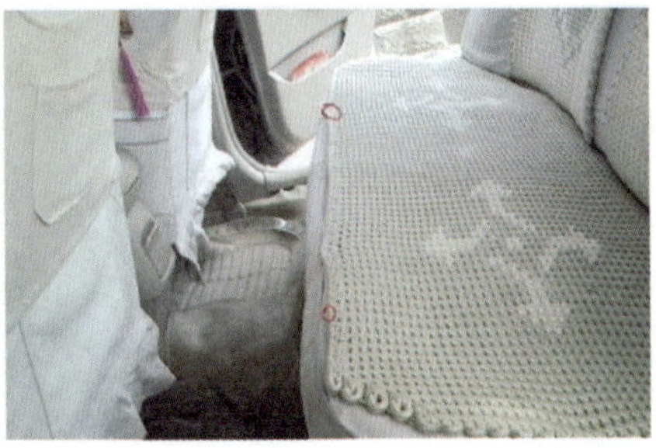	把汽车后排座位的坐垫拆卸下来	完　成□ 未完成□
3		用工具慢慢地拆卸后检修孔盖（由于孔盖下连着线束，拆卸时应轻轻撬起，不要用蛮力）	完　成□ 未完成□
4		将电缆从蓄电池负极端子断开，拔下的油管应用保鲜膜包住，以防进入杂物，并记住其原始安装位置	完　成□ 未完成□

续表

序号	操作图示	作业要领	完成情况
5		清洁燃油泵总成上部及边缘（有很多污垢，可以用抹布擦洗干净）	完　成□ 未完成□
6		断开燃油泵线束，用头部缠有保护胶带的旋具拧开两个卡爪，拆下1号吸油管支架，断开燃油泵滤清器软管，向下取出燃油泵，并把燃油泵放置在干净的零件盘中	完　成□ 未完成□
7		用手按压下端锁止扣，拆下燃油泵密封垫圈	完　成□ 未完成□
8	—	按与拆卸相反的步骤安装新的燃油泵	完　成□ 未完成□

简述更换汽油机燃油泵的安全注意事项。

五、学习过程评价

学习过程评价见表 3–2–5。

表 3–2–5　　学习过程评价表

<table>
<tr><td>班级</td><td></td><td>姓名</td><td></td><td>学号</td><td></td><td>日期</td><td>年　月　日</td></tr>
<tr><td>序号</td><td colspan="5">评价要点</td><td>配分 / 分</td><td>得分</td><td>总评 / 分</td></tr>
<tr><td>1</td><td colspan="5">能正确识读和填写工作页，明确学习活动的要求</td><td>10</td><td></td><td rowspan="9">A □（86 ~ 100）
B □（76 ~ 85）
C □（60 ~ 75）
D □（60 以下）</td></tr>
<tr><td>2</td><td colspan="5">能描述汽油机燃油泵的作用、分类和组成</td><td>10</td><td></td></tr>
<tr><td>3</td><td colspan="5">能查阅资料，分析汽油机燃油泵的工作原理</td><td>10</td><td></td></tr>
<tr><td>4</td><td colspan="5">能查阅资料，分析汽油机燃油泵故障的原因，明确汽油机燃油泵故障的检修内容和检修方法</td><td>10</td><td></td></tr>
<tr><td>5</td><td colspan="5">能规范地完成汽油机燃油泵的检查</td><td>15</td><td></td></tr>
<tr><td>6</td><td colspan="5">能规范地完成汽油机燃油泵的更换</td><td>15</td><td></td></tr>
<tr><td>7</td><td colspan="5">能遵守劳动纪律，以积极的态度接受工作任务</td><td>10</td><td></td></tr>
<tr><td>8</td><td colspan="5">能积极参与小组讨论，发挥团队合作精神</td><td>10</td><td></td></tr>
<tr><td>9</td><td colspan="5">能及时完成教师布置的任务</td><td>10</td><td></td></tr>
<tr><td colspan="6">总　分</td><td>100</td><td></td><td></td></tr>
<tr><td>小结
建议</td><td colspan="8"></td></tr>
</table>

学习活动 3　空气滤清器的检查与更换

学习目标

1. 能描述空气滤清器的作用、分类和组成。

2. 能描述空气滤清器的清洁和保养方法。

3. 能分析空气滤清器不工作的原因，明确空气滤清器故障的检修内容和检修方法。

4. 能规范地完成空气滤清器的检查与更换。

建议学时：4 学时。

学习过程

一、空气滤清器的作用、分类和组成

1. 简述空气滤清器的作用。

2. 简述空气滤清器的分类。

3．查阅资料，在图 3–3–1 中写出空气滤清器各组成零部件的名称。

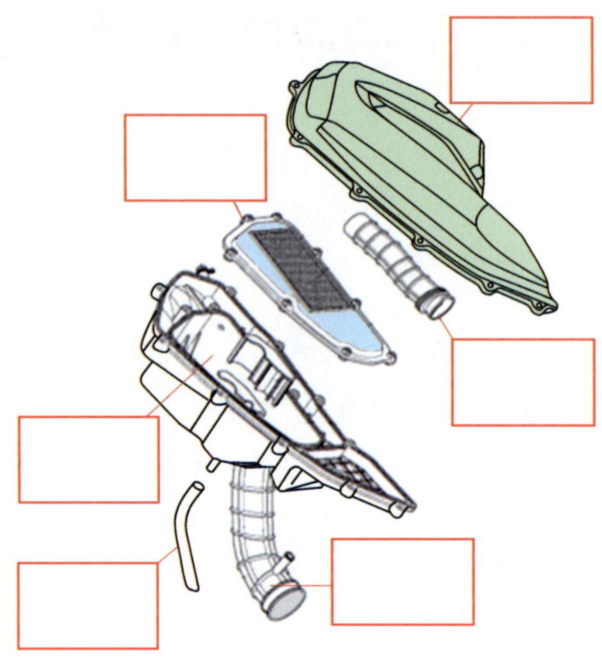

图 3–3–1　空气滤清器的结构

二、空气滤清器的清洁和保养方法

1．简述空气滤清器的清洁方法。

2．简述空气滤清器的保养方法。

三、制订检修方案

1．查阅资料，回答下列问题。

（1）造成空气滤清器不工作的原因有哪些？

（2）空气滤清器出现故障时，应主要从哪些方面对其进行检查？采用什么检修方法？

2．根据具体工作内容，明确小组成员分工，填写表 3–3–1。

表 3–3–1　　小组成员分工

姓名	分工

3．根据要求列出维修所需主要工具及材料清单，填写表 3–3–2。

表 3–3–2　　维修所需主要工具及材料清单

序号	工具及材料名称	单位	数量	备注

4．根据小组分工情况及客户要求，制订具体的维修工序，填写表 3–3–3。

表 3–3–3　维修工序安排

序号	维修工序内容	备注

四、检查与更换空气滤清器

汽油发动机加速无力时，可能是因空气滤清器故障引起的，根据表 3–3–4 的操作规范，完成空气滤清器的检查与更换。

表 3–3–4　检查与更换空气滤清器

序号	操作图示	作业要领	完成情况
1	空气滤清器	在汽车上找到空气滤清器。不同车型空气滤清器的安装位置有所不同，大多数都安装在发动机附近，可以参考汽车使用说明或保养手册	完　成□ 未完成□
2		拆下空气滤清器盖，取出空气滤清器滤芯并清洁发动机进气管。注意，清洁时应防止灰尘等进入发动机进气管	完　成□ 未完成□

续表

序号	操作图示	作业要领	完成情况
3		检查空气滤清器滤芯有无损坏，若无损坏，则擦拭干净滤芯后，将其装回；若损坏，则进行更换	完　成□ 未完成□
4		更换同型号的新的空气滤清器滤芯，应选用正规厂家的产品，并具备合格证。安装时注意方向，并压紧到位	完　成□ 未完成□
5		装回空气滤清器盖（有的车辆采用的是卡扣连接，有的是用小螺栓连接），空气滤清器盖装好后应紧密、无缝隙	完　成□ 未完成□

1．在做汽车养护时，空气滤清器的更换标准是什么？

2．如何选用空气滤清器滤芯？选用要求是什么？

3．如果一辆长途汽车长时间不更换空气滤清器，会有哪些影响？

五、学习过程评价

学习过程评价见表 3–3–5。

表 3–3–5 学习过程评价表

<table>
<tr><td>班级</td><td></td><td>姓名</td><td></td><td>学号</td><td></td><td>日期</td><td>年　月　日</td></tr>
<tr><td>序号</td><td colspan="5">评价要点</td><td>配分 / 分</td><td>得分</td><td>总评 / 分</td></tr>
<tr><td>1</td><td colspan="5">能正确识读和填写工作页，明确学习活动的要求</td><td>10</td><td></td><td rowspan="8">A □（86 ~ 100）
B □（76 ~ 85）
C □（60 ~ 75）
D □（60 以下）</td></tr>
<tr><td>2</td><td colspan="5">能描述空气滤清器的作用、分类和组成</td><td>10</td><td></td></tr>
<tr><td>3</td><td colspan="5">能描述空气滤清器的清洁和保养方法</td><td>10</td><td></td></tr>
<tr><td>4</td><td colspan="5">能查阅资料，分析空气滤清器不工作的原因，明确空气滤清器故障的检修内容和检修方法</td><td>10</td><td></td></tr>
<tr><td>5</td><td colspan="5">能规范地完成空气滤清器的检查与更换</td><td>30</td><td></td></tr>
<tr><td>6</td><td colspan="5">能遵守劳动纪律，以积极的态度接受工作任务</td><td>10</td><td></td></tr>
<tr><td>7</td><td colspan="5">能积极参与小组讨论，发挥团队合作精神</td><td>10</td><td></td></tr>
<tr><td>8</td><td colspan="5">能及时完成教师布置的任务</td><td>10</td><td></td></tr>
<tr><td colspan="6">总　分</td><td>100</td><td></td><td></td></tr>
<tr><td>小结
建议</td><td colspan="8"></td></tr>
</table>

学习活动 4　燃油供给系统压力的检测

学习目标

1. 能描述汽油机燃油供给系统压力的检测条件和检测方法。

2. 能分析汽油机燃油供给系统压力异常的原因，明确汽油机燃油供给系统压力异常的检修方法。

3. 能规范地完成汽油机燃油供给系统压力的检测。

建议学时：4 学时。

学习过程

一、汽油机燃油供给系统压力的检测条件和检测方法

汽油机燃油供给系统（图 3–4–1）是汽车发动机在不同工况下，源源不断地向汽车提供燃油的一个重要装置。燃油压力过高会导致发动机怠速高、燃油燃烧不充分、动力不足、排气管冒黑烟甚至着火。燃油压力过低会使发动机工况变差、怠速不稳、加速无力甚至抖动。

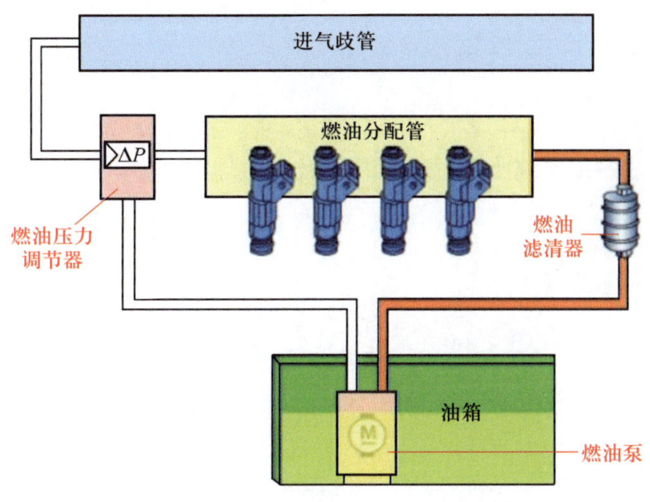

图 3–4–1　汽油机燃油供给系统

1．简述燃油压力调节器的作用。

2．什么情况下需要进行汽油机燃油供给系统压力的检测?

3．简述汽油机燃油供给系统压力的检测方法。

二、制订检修方案

1．查阅资料，回答下列问题。

（1）简述造成汽油机燃油供给系统压力过低的原因及其处理方法。

（2）简述造成汽油机燃油供给系统压力过高的原因及其处理方法。

2．根据具体工作内容，明确小组成员分工，填写表 3–4–1。

表 3–4–1　　小组成员分工

姓名	分工

3．根据要求列出维修所需主要工具及材料清单，填写表 3–4–2。

表 3–4–2　　维修所需主要工具及材料清单

序号	工具及材料名称	单位	数量	备注

4．根据小组分工情况及客户要求，制订具体的维修工序，填写表 3–4–3。

表 3–4–3　　维修工序安排

序号	维修工序内容	备注

三、检测汽油机燃油供给系统的压力

汽油机燃油供给系统分为全回油系统和半回油系统两种类型。全回油系统有回油管路，半回油系统没有回油管路。一般全回油系统需检测静态油压（打开点火开关时的油压，一般为 280 kPa）、怠速油压（约 250 kPa）、最大油压（约 750 kPa）、调节油压（约 300 kPa）和残余油压（约 150 kPa）。半回油系统只需检测静态油压、怠速油压和残余油压（约 3 MPa）。

1．根据表 3–4–4 的操作规范，完成燃油供给系统压力的检测。

表 3–4–4　　检测燃油供给系统压力

序号	操作图示	作业要领	完成情况
1		卸压。先拔下燃油泵熔断器、继电器或燃油泵插头，再启动发动机，直至发动机自行熄火后，再次启动发动机 2 ~ 3 次，然后拆下蓄电池负极	完　成□ 未完成□
2		安装燃油压力表。将燃油压力表串接在进油管上（带测压口的车辆将燃油压力表连接到测压口上）。在拆卸进油管时要用毛巾或棉布垫在进油管接口下，以防止燃油泄漏到地上	完　成□ 未完成□
3		根据燃油供给系统的类型检测相应的油压，并进行数据记录 数据记录：________________ ________________ ________________ ________________ ________________	完　成□ 未完成□

（1）为什么在检测燃油供给系统压力时要先卸压？

（2）如何选用燃油压力表？在使用燃油压力表前应对其做哪些检查？

（3）在对高压部分进行检测时，有哪些安全注意事项？

2．根据燃油供给系统压力的检测结果，采取相应的方法进行检修，排除燃油供给系统压力异常故障，并记录检修过程中遇到的问题。

四、学习过程评价

学习过程评价见表 3–4–5。

表 3–4–5　学习过程评价表

班级		姓名		学号		日期	年　月　日
序号	评价要点				配分 / 分	得分	总评 / 分
1	能正确识读和填写工作页，明确学习活动的要求				10		
2	能描述汽油机燃油供给系统压力的检测条件和检测方法				10		
3	能查阅资料，分析汽油机燃油供给系统压力异常的原因，明确汽油机燃油供给系统压力异常的检修方法				20		

续表

序号	评价要点	配分 / 分	得分	总评 / 分
4	能规范地完成汽油机燃油供给系统压力的检测	30		A □（86 ~ 100） B □（76 ~ 85） C □（60 ~ 75） D □（60 以下）
5	能遵守劳动纪律，以积极的态度接受工作任务	10		
6	能积极参与小组讨论，发挥团队合作精神	10		
7	能及时完成教师布置的任务	10		
总　分		100		
小结建议				

学习活动 5　节气门的检查与清洗

学习目标

1. 能描述节气门的作用、分类和特点。

2. 能描述节气门及其控制机构的组成。

3. 能分析节气门积碳过多的原因，明确节气门故障的检修内容和检修方法。

4. 能规范地完成节气门的检查与清洗。

建议学时：4 学时。

学习过程

一、节气门的作用、分类和特点

节气门（图 3-5-1）是控制混合气进入发动机的一道可控阀门，气体进入进气管后会和汽油混合变成可燃混合气，从而燃烧形成做功。它上接空气滤清器，下接发动机缸体，被视为汽车发动机的“咽喉”。

图 3-5-1　节气门

1．简述节气门的作用。

2．简述节气门的分类及其特点。

二、节气门及其控制机构的组成

1．节气门的组成

查阅资料，在图 3–5–2 中写出节气门各组成零部件的名称。

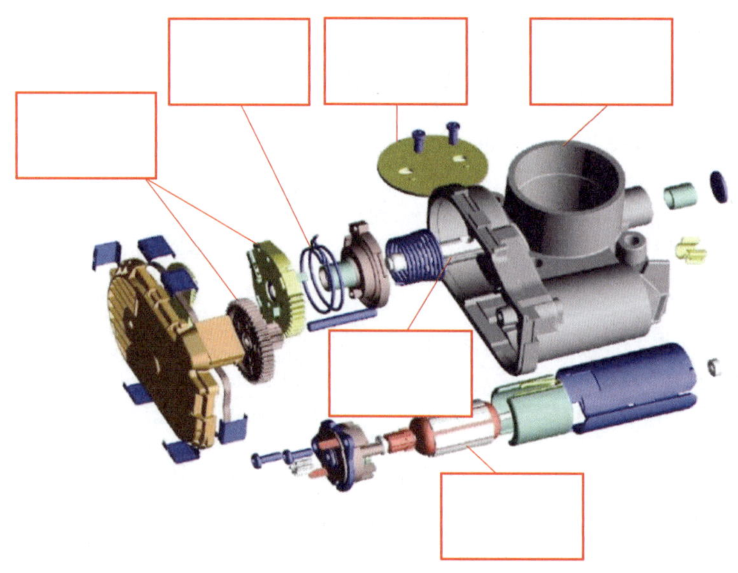

图 3–5–2　节气门的结构

2．节气门控制机构的组成

查阅资料，在图 3–5–3 中写出节气门控制机构各组成零部件的名称。

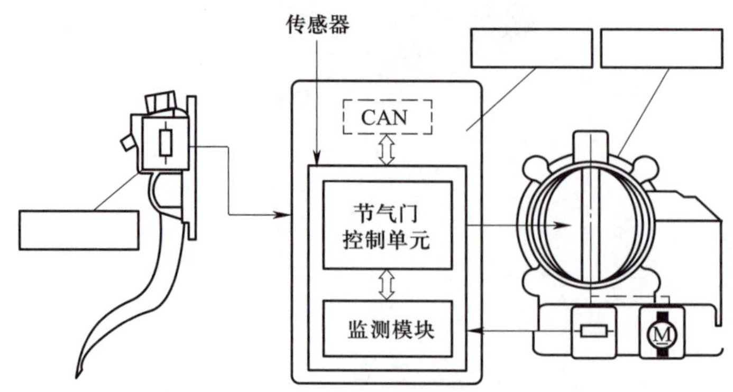

图 3–5–3　节气门控制机构的结构

三、制订检修方案

1．查阅资料，回答下列问题。

（1）造成节气门积碳过多的原因有哪些?

（2）节气门出现故障时，应主要从哪些方面对其进行检查？采用什么检修方法?

2．根据具体工作内容，明确小组成员分工，填写表 3-5-1。

表 3-5-1　小组成员分工

姓名	分工

3．根据要求列出维修所需主要工具及材料清单，填写表 3-5-2。

表 3-5-2　维修所需主要工具及材料清单

序号	工具及材料名称	单位	数量	备注

4．根据小组分工情况及客户要求，制订具体的维修工序，填写表 3–5–3。

表 3–5–3　维修工序安排

序号	维修工序内容	备注

四、检查与清洗节气门

由于进气道内较冷，被抽出的混合气就会凝结在节气门和进气道内壁上，形成积碳。因此，应对节气门进行清洗。清洗后的节气门能够恢复对发动机进气量的精准控制，发动机自然也就不会出现异常抖动了，汽车驾驶起来也更顺畅有力。

根据表 3–5–4 的操作规范，完成节气门的检查与清洗。

表 3–5–4　检查与清洗节气门

序号	操作图示	作业要领	完成情况
1		拆下节气门上方的进气道腔室	完　成□ 未完成□
2		断开节气门线束插接器	完　成□ 未完成□

续表

序号	操作图示	作业要领	完成情况
3		拆下节气门，将进气道盖好，以免进入灰尘	完　成□ 未完成□
4		检查节气门上是否有积碳，若有，则进行清洗	完　成□ 未完成□
5		清洗节气门。准备一块干净的毛巾以及节气门清洗剂，擦拭节气门，直到积碳清理完成	完　成□ 未完成□
6		清洗完成后按与拆卸相反的步骤安装节气门	完　成□ 未完成□

1．清洗节气门的过程中，有哪些注意事项?

2．简述安装节气门的注意事项。

拓展训练

节气门故障判别

可通过以下方法进行节气门故障判别。

1. 直接读取数据

将故障诊断仪接到诊断座上，然后启动发动机。节气门位置传感器 1 的开度正常值为 3% ~ 93%，节气门位置传感器 2 的开度正常值为 3% ~ 97%，节气门位置传感器 3 的开度正常值为 12% ~ 97%，节气门位置传感器 4 的开度正常值为 4% ~ 49%。如果测量数值达不到以上范围，说明节气门出现故障，此时要对其进行检查和修理，避免因节气门损坏而影响汽车的正常使用。

2. 检测节气门位置传感器的电压

当节气门全部开启时，其位置传感器的电压为 5 V 左右。当节气门关闭时，其位置传感器的电压为 0.5 V 左右。

3. 检测供电电压

将节气门位置传感器的连接器插头拔下来，然后启动发动机，测量节气门的供电电压，正常为 4.5 ~ 5.5 V。

4. 检测电阻

电源端子和怠速触点之间的电阻一般为 1.5 ~ 2.6 Ω。电源端子和信号端子之间的电阻一般为 0.75 ~ 1.3 Ω。

图 3–5–4 所示为用故障诊断仪检测节气门故障。

图 3-5-4　用故障诊断仪检测节气门故障

五、学习过程评价

学习过程评价见表 3-5-5。

表 3-5-5　　学习过程评价表

班级		姓名		学号		日期	年　月　日
序号	评价要点				配分 / 分	得分	总评 / 分
1	能正确识读和填写工作页，明确学习活动的要求				10		A □（86 ~ 100） B □（76 ~ 85） C □（60 ~ 75） D □（60 以下）
2	能描述节气门的作用、分类和特点				10		
3	能描述节气门及其控制机构的组成				10		
4	能查阅资料，分析节气门积碳过多的原因，明确节气门故障的检修内容和检修方法				10		
5	能规范地完成节气门的检查与清洗				30		
6	能遵守劳动纪律，以积极的态度接受工作任务				10		
7	能积极参与小组讨论，发挥团队合作精神				10		
8	能及时完成教师布置的任务				10		
总　分					100		
小结建议							

学习活动 6　喷油器的检查与清洗

学习目标

1. 能描述汽油机喷油器的作用和分类。

2. 能描述汽油机喷油器及其控制机构的组成。

3. 能分析汽油机喷油器喷油不良的原因，明确汽油机喷油器故障的检修内容和检修方法。

4. 能规范地完成汽油机喷油器的检查与清洗。

建议学时：4 学时。

学习过程

一、汽油机喷油器的作用和分类

1．简述汽油机喷油器的作用。

2．简述汽油机喷油器的分类。

二、汽油机喷油器及其控制机构的组成

1．汽油机喷油器的组成

查阅资料，在图 3–6–1 中写出汽油机喷油器各组成零部件的名称。

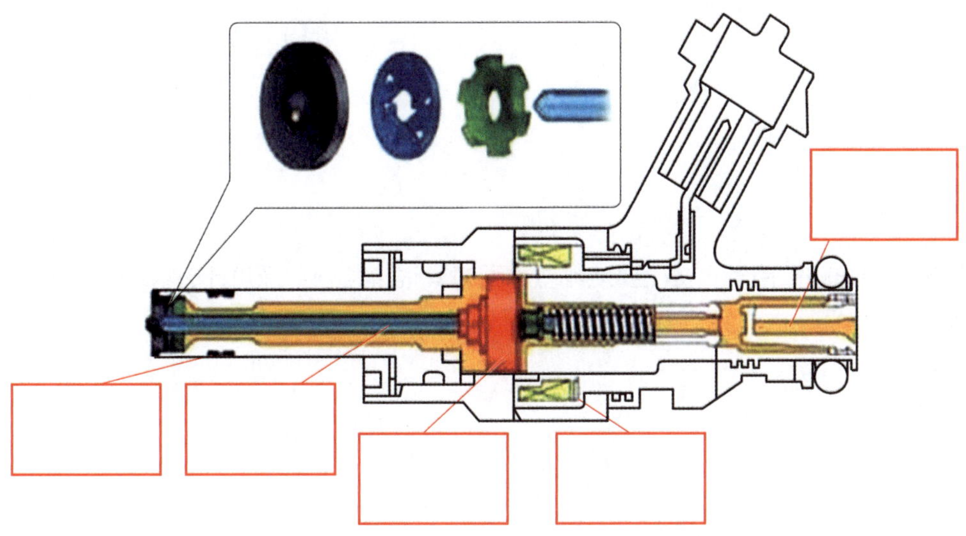

图 3–6–1　汽油机喷油器的结构

2．汽油机喷油器控制机构的组成

查阅资料，在图 3–6–2 中写出汽油机喷油器控制机构各组成零部件的名称。

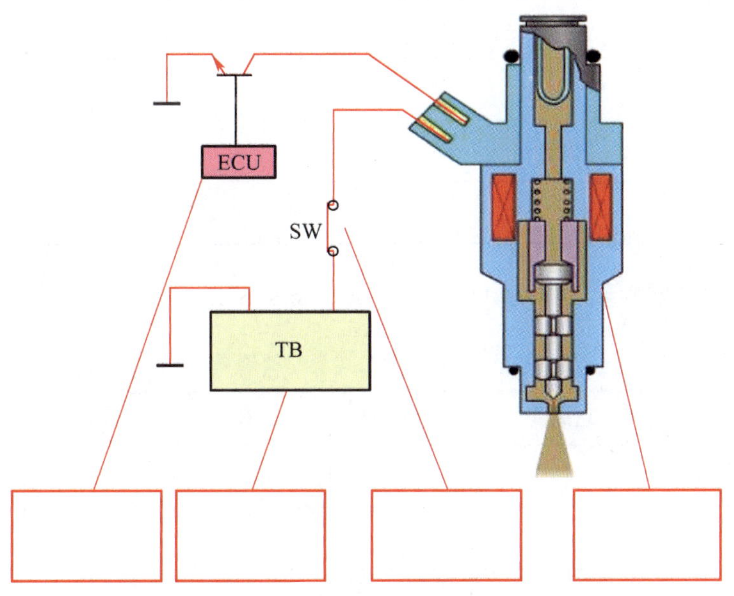

图 3–6–2　汽油机喷油器控制机构的结构

三、制订检修方案

1．查阅资料，回答下列问题。

（1）造成汽油机喷油器喷油不良的原因有哪些?

（2）汽油机喷油器出现故障时，应主要从哪些方面对其进行检查？采用什么检修方法?

2．根据具体工作内容，明确小组成员分工，填写表 3-6-1。

表 3-6-1　　小组成员分工

姓名	分工

3．根据要求列出维修所需主要工具及材料清单，填写表 3-6-2。

表 3-6-2　　维修所需主要工具及材料清单

序号	工具及材料名称	单位	数量	备注

4．根据小组分工情况及客户要求，制订具体的维修工序，填写表 3–6–3。

表 3–6–3　维修工序安排

序号	维修工序内容	备注

四、检查与清洗汽油机喷油器

1．检查汽油机喷油器

（1）通过发动机冷机启动的难易程度和启动后的排气烟色可判断喷油器的好坏。发动机冷机启动困难，启动后的排气烟色为白或黑，若供油角度和气缸压力正常，喷油器和高压油泵故障的可能性大。

（2）需进一步判断哪一个缸的喷油器故障时，可以采用断缸法。发动机启动后，保持一个稳定的转速，然后逐一松开高压油管，即断开某一个缸的供油，观察发动机的转速是否有变化，无变化工况对应缸的喷油器有故障。

（3）若发现机油变稀、机油有汽油味，很多时候也和喷油器故障有关。

2．清洗汽油机喷油器

根据表 3–6–4 的操作规范，完成汽油机喷油器的拆卸与清洗。

表 3–6–4　拆卸与清洗汽油机喷油器

序号	操作图示	作业要领	完成情况
1		拆掉发动机护罩	完　成□ 未完成□

续表

序号	操作图示	作业要领	完成情况
2		卸下进气管，注意不要损坏卡箍	完　成□ 未完成□
3		拔下4个喷油器的供电插头（按下接口上的卡扣就可以拔下），注意不可用蛮力。节气门和怠速电动机的供电插头也应一并拔下	完　成□ 未完成□
4		拧下喷油器总成固定螺钉	完　成□ 未完成□
5		将总成拆卸下来，取出喷油器	完　成□ 未完成□
6		检查喷油器是否有积碳，若有积碳，应清洗喷油器	完　成□ 未完成□

续表

序号	操作图示	作业要领	完成情况
7		使用专用清洗工具清洗喷油器	完　成□ 未完成□
8	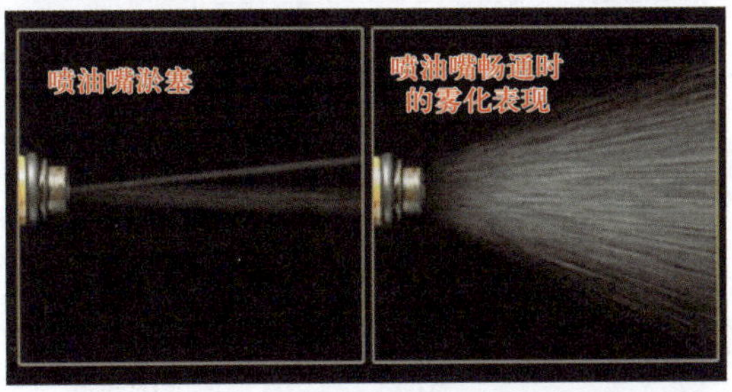	清洗喷油器至具有良好的雾化性能。若个别喷油器经过清洗仍无法恢复性能（雾化不好、滴油或渗漏），则更换该喷油器	完　成□ 未完成□
9		清洗完成后按与拆卸相反的步骤安装喷油器	完　成□ 未完成□

（1）简述安装汽油机喷油器的注意事项。

（2）使用什么设备对汽油机喷油器进行清洗？简述其操作步骤。

五、学习过程评价

学习过程评价见表 3–6–5。

表 3–6–5 学习过程评价表

班级		姓名		学号		日期	年　月　日
序号	评价要点				配分 / 分	得分	总评 / 分
1	能正确识读和填写工作页，明确学习活动的要求				10		A □（86 ~ 100） B □（76 ~ 85） C □（60 ~ 75） D □（60 以下）
2	能描述汽油机喷油器的作用和分类				10		
3	能描述汽油机喷油器及其控制机构的组成				10		
4	能查阅资料，分析汽油机喷油器喷油不良的原因，明确汽油机喷油器故障的检修内容和检修方法				10		
5	能规范地完成汽油机喷油器的检查与清洗				30		
6	能遵守劳动纪律，以积极的态度接受工作任务				10		
7	能积极参与小组讨论，发挥团队合作精神				10		
8	能及时完成教师布置的任务				10		
总　分					100		
小结 建议							

学习活动 7　工作总结与评价

学习目标

1. 能以小组形式，对学习过程和成果进行汇报总结。
2. 能完成对学习过程的综合评价。

建议学时：2 学时。

学习过程

一、工作总结

在世界技能大赛中，要求选手具有一定的组织规划、沟通、创新等能力，这在实际的生产工作中是十分必要的。以小组为单位，选择演示文稿、展板、海报、视频等形式中的一种或几种，向全班展示、汇报学习成果。

二、综合评价

针对本任务的学习情况，根据表 3–7–1 所列综合评价标准进行评分。

表 3–7–1　综合评价标准

评价项目	评价内容及标准	配分 / 分	评分		
			自我评价	小组评价	教师评价
组织和管理	团队合作，合理计划，高效管理时间	3			
	及时检查工作进展和效果	3			
	保证高质量完成工作	4			
沟通能力	深度咨询客户，完全理解其要求	10			
	提供明确说明，准确回答客户疑问	10			
计划创新能力	及时处理工作中遇到的问题	10			
	提出创新性、可行性建议，提高客户满意度	10			

续表

评价项目	评价内容及标准	配分 / 分	评分		
			自我评价	小组评价	教师评价
专业知识	熟悉汽车汽油发动机燃料供给系统各零部件的作用、组成、分类、原理等理论知识	10			
	熟悉汽车汽油发动机加速无力故障检修知识	10			
实践能力	具备汽车汽油发动机燃油泵检查与更换技能	5			
	具备汽车汽油发动机空气滤清器检查与更换技能	5			
	具备汽车汽油发动机燃油供给系统压力检测技能	5			
	具备汽车汽油发动机节气门检查与清洗技能	10			
	具备汽车汽油发动机喷油器检查与清洗技能	5			
学生姓名		综合评价得分			
指导教师		日期			

三、学习任务三整体评价

学习任务三整体评价见表 3–7–2。

表 3–7–2　学习任务三整体评价表

项目	自我评价			小组评价			教师评价		
	10 ~ 9 分	8 ~ 6 分	5 ~ 1 分	10 ~ 9 分	8 ~ 6 分	5 ~ 1 分	10 ~ 9 分	8 ~ 6 分	5 ~ 1 分
	占总评 10%			占总评 30%			占总评 60%		
学习活动 1									
学习活动 2									
学习活动 3									
学习活动 4									
学习活动 5									
学习活动 6									
学习活动 7									
协作精神									
纪律观念									

续表

项目	自我评价			小组评价			教师评价		
	10 ~ 9 分	8 ~ 6 分	5 ~ 1 分	10 ~ 9 分	8 ~ 6 分	5 ~ 1 分	10 ~ 9 分	8 ~ 6 分	5 ~ 1 分
	占总评 10%			占总评 30%			占总评 60%		
表达与分析能力									
工作态度									
任务总体表现									
小计 / 分									
总评 / 分									

世赛知识

中国（上海）获得 2021 年第 46 届世界技能大赛举办权

2017 年 10 月 13 日，在阿联酋阿布扎比举行的世界技能组织全体成员大会一致决定，2021 年第 46 届世界技能大赛在中国上海举办。

当地时间 13 日下午，在大会确定上海取得举办权之前，国家主席习近平通过视频向大会致辞，代表中国政府和中国人民表达对上海市举办第 46 届世界技能大赛的坚定支持，承诺上海一定能为世界奉献一届富有新意、影响深远的世界技能大赛。

习近平指出，世界技能大赛在中国举办，将有利于推动中国同各国在技能领域的交流互鉴，带动中国全国民众尤其是近 2 亿青少年关注、热爱、投身技能活动，让中国人民有机会为世界技能运动发展做出贡献。中国政府高度赞赏世界技能组织的发展宗旨，愿意积极参与各项活动，继续为全球减贫和可持续发展做出更大贡献。中国政府将全面兑现每一项承诺，全方位践行世界技能组织 2025 战略。

学习任务四　汽车柴油发动机加速无力故障检修

学习目标

1. 能描述柴油机燃料供给系统的作用、分类、组成和工作过程，明确汽车柴油发动机加速无力故障的检修内容、检修流程及检修方法。

2. 能描述柴油机燃油泵的作用、分类、特点、结构和工作原理，分析柴油机燃油泵泵油不足的原因，并能进行柴油机燃油泵的检查与更换。

3. 能描述油水分离器的作用、分类、结构和工作原理，分析油水分离器失效的原因，并能进行油水分离器的检查与更换。

4. 能描述柴油机燃油供给系统压力的检测方法和检测参数，分析柴油机燃油供给系统压力异常的原因，并能进行柴油机燃油供给系统压力的检测。

5. 能描述柴油机喷油器的作用、分类、特点、结构和工作原理，分析柴油机喷油器喷油量异常的原因，并能进行柴油机喷油器的检查与更换。

6. 能对维修场地的相关设备进行日常维护与保养，按6S管理规定清理现场。

7. 能对相关资料、互联网资源进行检索，完成维修工单、工作页的填写。

8. 能展示工作成果，进行任务评价，总结工作经验，优化检修方案。

9. 能在作业过程中严格执行企业操作规范、安全生产制度、环保管理制度，严格遵守从业人员的职业道德，具有吃苦耐劳、爱岗敬业的工作态度和职业责任感。

建议学时

22学时

工作情境描述

一辆轿车进厂检修，客户反映汽车出现启动多次才着车且加速无力现象，经维修技师检查初步判断为发动机燃料供给系统故障。汽车维修人员需要根据维修手册的相关要求，在规定时间内（参照维修资料）完成发动机燃料供给系统的检查与零部件的更换，完成后交付验收。

1．燃料供给系统的认知（4 学时）

2．燃油泵的检查与更换（6 学时）

3．油水分离器的检查与更换（2 学时）

4．燃油供给系统压力的检测（4 学时）

5．喷油器的检查与更换（4 学时）

6．工作总结与评价（2 学时）

思维导图

学习任务四　汽车柴油
发动机加速无力故障检修
学习活动1
燃料供给系统的认知
柴油发动机燃料供给系统的作用和分类
柴油发动机燃料供给系统的组成
柴油发动机燃料供给系统油路分析
认知实训车辆或实训台的
柴油发动机燃料供给系统
汽车柴油发动机加速无力故障分析
学习活动2
燃油泵的检查与更换
柴油机燃油泵的作用、分类及特点
柴油机燃油泵的结构和工作原理
制订检修方案
检查与更换柴油机燃油泵
检查柴油机燃油泵
更换柴油机燃油泵
学习活动3
油水分离器的检查与更换
油水分离器的作用和分类
油水分离器的结构和工作原理
制订检修方案
检查与更换油水分离器
检查油水分离器
更换油水分离器
学习活动4
燃油供给系统压力的检测
柴油机燃油供给系统压力
的检测方法和检测参数
制订检修方案
检测柴油机燃油供给系统的压力
学习活动5
喷油器的检查与更换
柴油机喷油器的
作用、分类和特点
柴油机喷油器的
结构和工作原理
机械式喷油器
电控式喷油器
制订检修方案
检查与更换
柴油机喷油器
检查柴油机喷油器
更换柴油机喷油器
学习活动6
工作总结与评价
工作总结
综合评价
学习任务四整体评价

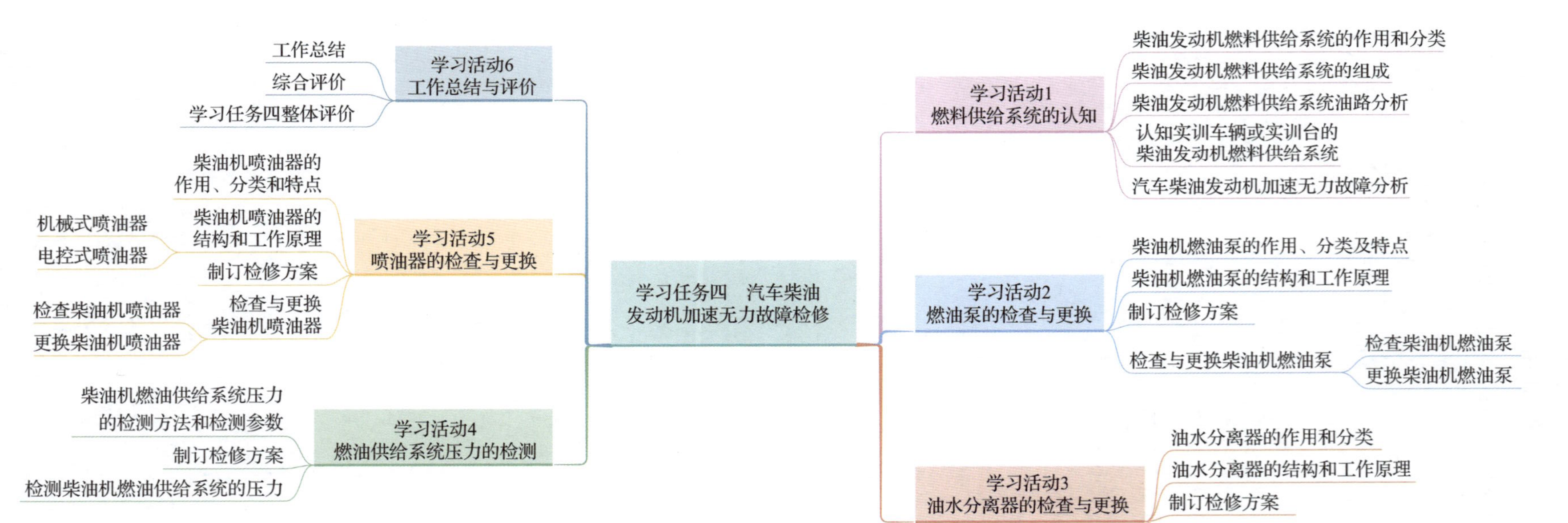

学习活动 1　燃料供给系统的认知

学习目标

1. 能描述柴油发动机燃料供给系统的作用、分类和组成。

2. 能描述柴油发动机燃料供给系统油路的工作过程。

3. 能在发动机台架上正确找到柴油发动机燃料供给系统相关的零部件。

4. 能通过查阅资料，明确汽车柴油发动机加速无力故障的检修内容、检修流程及检修方法。

建议学时：4 学时。

学习过程

一、柴油发动机燃料供给系统的作用和分类

柴油发动机燃料供给系统是为了实现在各工况下向发动机提供适量的燃油的一系列专门装置。

1．简述柴油发动机燃料供给系统的作用。

2．简述柴油发动机燃料供给系统的分类。

（1）按结构分类：

（2）按喷油参数调节方式分类：

二、柴油发动机燃料供给系统的组成

1．柴油发动机燃料供给系统主要由燃油箱、燃油滤清器、油水分离器、燃（喷）油泵、喷油器、限压阀、调速器、输油泵等组成，如图 4–1–1 所示。

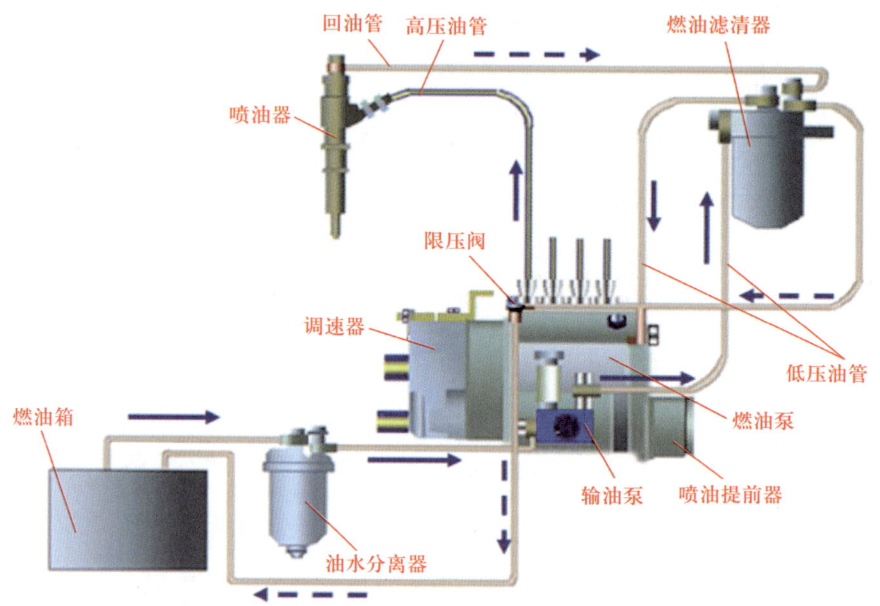

图 4–1–1　柴油发动机燃料供给系统的组成

2．根据实物图，填写柴油发动机燃料供给系统主要组成零部件的名称及作用（表 4–1–1）。

表 4–1–1　柴油发动机燃料供给系统主要组成零部件的名称及作用

零部件名称	实物图	作用
	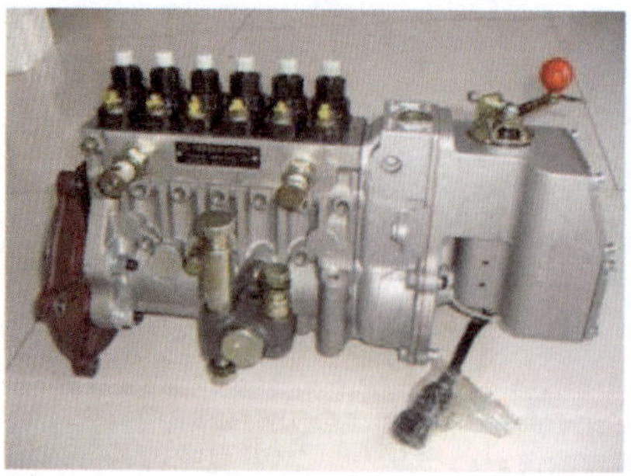	

续表

零部件名称	实物图	作用

三、柴油发动机燃料供给系统油路分析

结合图 4-1-2 所示的柴油发动机燃料供给系统油路示意图，分析高压油路、低压油路和回油油路的工作过程。

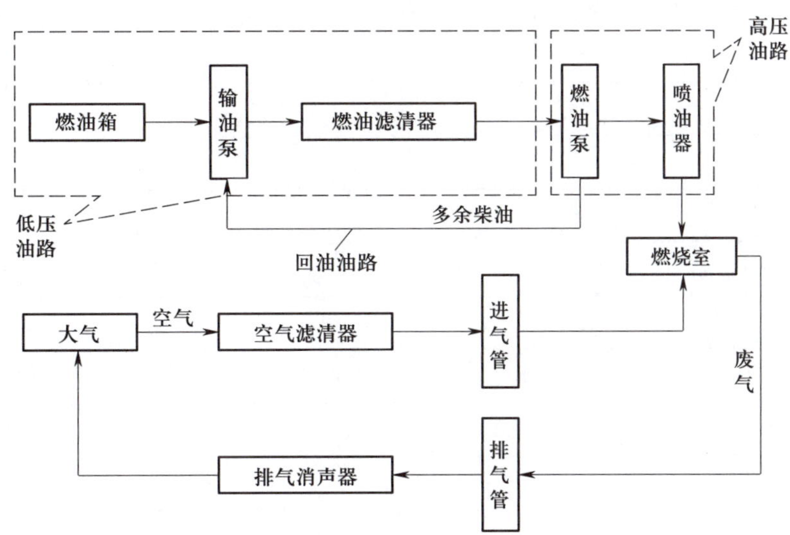

图 4-1-2　柴油发动机燃料供给系统油路示意图

1．高压油路：

2．低压油路：

3．回油油路：

四、认知实训车辆或实训台的柴油发动机燃料供给系统

对照实训车辆或实训台的柴油发动机燃料供给系统，以小组为单位绘制一张柴油发动机燃料供给系统工作原理简图，并向其他组展示和说明该系统各组成零部件的名称、作用和安装位置。

五、汽车柴油发动机加速无力故障分析

汽车柴油发动机加速无力一般是因柴油发动机燃料供给系统故障导致的。根据你对柴油发动机燃料供给系统的了解，小组讨论汽车柴油发动机加速无力时，应主要对柴油发动机燃料供给系统的哪些方面进行检修，以及对应的检修流程和检修方法等，将讨论结果填写在下面的横线上并向其他组展示和说明。

六、学习过程评价

学习过程评价见表 4–1–2。

表 4–1–2　学习过程评价表

班级		姓名		学号		日期	年　月　日
序号	评价要点				配分 / 分	得分	总评 / 分
1	能正确识读和填写工作页，明确学习活动的要求				10		A □（86 ~ 100） B □（76 ~ 85） C □（60 ~ 75） D □（60 以下）
2	能描述柴油发动机燃料供给系统的作用、分类和组成				15		
3	能查阅资料，分析柴油发动机燃料供给系统油路的工作过程				15		
4	能对照实物，正确说出柴油发动机燃料供给系统各组成零部件的名称、作用及安装位置				15		
5	能查阅资料，明确汽车柴油发动机加速无力故障的检修内容、检修流程及检修方法				15		
6	能遵守劳动纪律，以积极的态度接受工作任务				10		
7	能积极参与小组讨论，发挥团队合作精神				10		
8	能及时完成教师布置的任务				10		
总　分					100		
小结建议							

学习活动 2　燃油泵的检查与更换

学习目标

1. 能描述柴油机燃油泵的作用、分类、特点、结构及工作原理。

2. 能分析柴油机燃油泵泵油不足的原因，明确柴油机燃油泵故障的检修内容和检修方法。

3. 能规范地完成柴油机燃油泵的检查与更换。

建议学时：6 学时。

学习过程

一、柴油机燃油泵的作用、分类及特点

1．简述柴油机燃油泵的作用。

2．根据表 4–2–1 中柴油机燃油泵的实物图，写出相应的类型及特点。

表 4–2–1　　柴油机燃油泵的类型及特点

序号	实物图	类型	特点
1			

续表

序号	实物图	类型	特点
2			
3			

二、柴油机燃油泵的结构和工作原理

1．在图 4-2-1 中写出柱塞式燃油泵各组成零部件的名称。

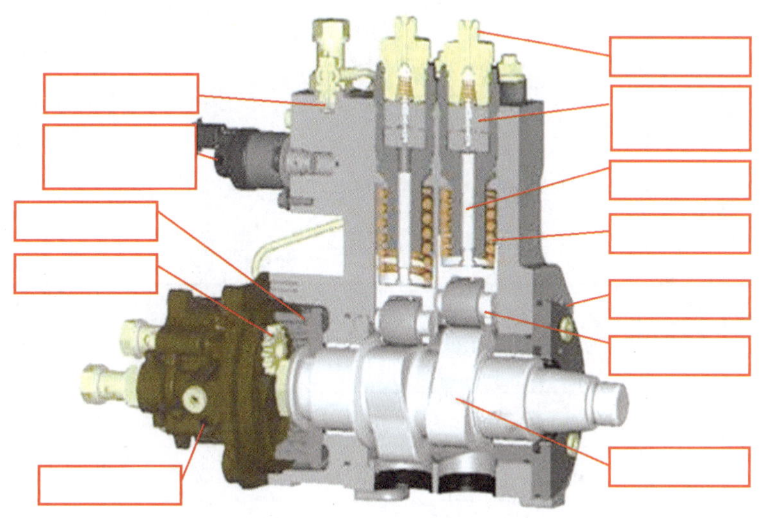

图 4-2-1　柱塞式燃油泵

2．简述柴油机燃油泵的工作原理。

三、制订检修方案

1．查阅资料，回答下列问题。

（1）造成柴油机燃油泵泵油不足的原因有哪些?

（2）柴油机燃油泵出现故障时，应主要从哪些方面对其进行检查？采用什么检修方法?

2．根据具体工作内容，明确小组成员分工，填写表 4–2–2。

表 4–2–2 小组成员分工

姓名	分工

3．根据要求列出维修所需主要工具及材料清单，填写表 4–2–3。

表 4–2–3　　维修所需主要工具及材料清单

序号	工具及材料名称	单位	数量	备注

4．根据小组分工情况及客户要求，制订具体的维修工序，填写表 4–2–4。

表 4–2–4　　维修工序安排

序号	维修工序内容	备注

四、检查与更换柴油机燃油泵

1．检查柴油机燃油泵

根据表 4–2–5 的操作规范，完成柴油机燃油泵的检查。

表 4–2–5　　检查柴油机燃油泵

序号	操作图示	作业要领	完成情况
1		手动泵油，松开低压油路油管接头，检查油管中是否有气泡冒出，以判断是否有空气进入其中	完　成□ 未完成□

续表

序号	操作图示	作业要领	完成情况
2	溢出的柴油 输油泵 燃油泵凸轴	松开高压油管接头，将熄火拉钮置于熄火位置，转动曲轴，使燃油泵凸轴不压缩输油泵的活塞，然后用手油泵泵油，油管接头不冒油为正常，若冒油，则说明出油阀副不密封	完　成□ 未完成□

2．更换柴油机燃油泵

根据表 4-2-6 的操作规范，完成柴油机燃油泵的更换。

表 4-2-6　　更换柴油机燃油泵

序号	操作图示	作业要领	完成情况
1		拆下燃油泵油门拉杆后端与燃油泵操纵臂球头销之间的卡箍，使油门拉杆与操纵臂球头销松脱，从扇形调整板上拆下多种燃料变换拉钮及拉线 记住扇形调整板与拉线的相对位置	完　成□ 未完成□
2		拆下燃油泵进 / 出油管接头，用干净的布块包好油管接头 拆下燃油泵的机油管，并用干净的布块包好各油管接头	完　成□ 未完成□

续表

序号	操作图示	作业要领	完成情况
3		按曲轴旋转方向转动曲轴，使燃油泵从动盘上的刻线与燃油泵前端盖上的刻线对齐	完　成□ 未完成□
4		按对角交叉的次序，分几次松开并拧下燃油泵在支架上固定的四个长螺栓，将燃油泵抽出	完　成□ 未完成□
5	—	按与拆卸相反的步骤安装燃油泵	完　成□ 未完成□

简述更换柴油机燃油泵的注意事项。

五、学习过程评价

学习过程评价见表 4–2–7。

表 4–2–7　　学习过程评价表

班级		姓名		学号		日期	年　月　日
序号	评价要点				配分 / 分	得分	总评 / 分
1	能正确识读和填写工作页，明确学习活动的要求				10		
2	能描述柴油机燃油泵的作用、分类、结构及特点				10		
3	能查阅资料，分析柴油机燃油泵的工作原理				15		

续表

序号	评价要点	配分 / 分	得分	总评 / 分
4	能查阅资料，分析柴油机燃油泵泵油不足的原因，明确柴油机燃油泵故障的检修内容和检修方法	15		A □（86 ~ 100） B □（76 ~ 85） C □（60 ~ 75） D □（60 以下）
5	能规范地完成柴油机燃油泵的检查	10		
6	能规范地完成柴油机燃油泵的更换	10		
7	能遵守劳动纪律，以积极的态度接受工作任务	10		
8	能积极参与小组讨论，发挥团队合作精神	10		
9	能及时完成教师布置的任务	10		
总　分		100		
小结 建议				

学习活动 3　油水分离器的检查与更换

学习目标

1. 能描述油水分离器的作用、分类、结构和工作原理。

2. 能分析油水分离器失效的原因，明确油水分离器故障的检修内容和检修方法。

3. 能规范地完成油水分离器的检查与更换。

建议学时：2 学时。

学习过程

一、油水分离器的作用和分类

1．简述油水分离器的作用。

2．简述油水分离器的常见类型。

二、油水分离器的结构和工作原理

1．查阅资料，在图 4–3–1 中将油水分离器各组成零部件的名称补充完整。

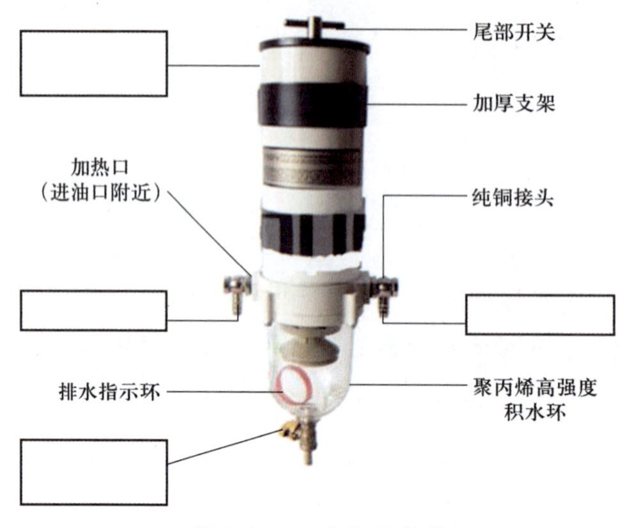

图 4–3–1　油水分离器

2．简述油水分离器的工作原理。

三、制订检修方案

1．查阅资料，回答下列问题。

（1）造成油水分离器失效的原因有哪些?

（2）油水分离器出现故障时，应主要从哪些方面对其进行检查？采用什么检修方法?

2．根据具体工作内容，明确小组成员分工，填写表 4–3–1。

表 4–3–1　　小组成员分工

姓名	分工

3．根据要求列出维修所需主要工具及材料清单，填写表 4–3–2。

表 4–3–2　　维修所需主要工具及材料清单

序号	工具及材料名称	单位	数量	备注

4．根据小组分工情况及客户要求，制订具体的维修工序，填写表 4–3–3。

表 4–3–3　　维修工序安排

序号	维修工序内容	备注

四、检查与更换油水分离器

1．检查油水分离器

根据表 4–3–4 的操作规范，完成油水分离器的检查。

表 4–3–4　检查油水分离器

序号	操作图示	作业要领	完成情况
1		观察仪表油水分离器故障指示灯是否点亮，若点亮则表示需要进行排水	完　成□ 未完成□
2		将油水分离器下的放水阀打开，将水放掉，此时油水分离器的液面下降至传感器以下，故障指示灯熄灭	完　成□ 未完成□
3		若油水分离器储液罐中的水排空后，故障指示灯还是常亮，则用万用表检测油水分离传感器的电压，正常应为 12 V（供电电压）和 5 V（信号电压）。若电压不正常，则需更换油水分离器	完　成□ 未完成□

查阅资料，分析发动机在油水分离器损坏时运转，会对其造成什么危害。

2．更换油水分离器

根据表 4-3-5 的操作规范，完成油水分离器的更换。

表 4-3-5　更换油水分离器

序号	操作图示	作业要领	完成情况
1		打开放水阀，放掉一部分燃油，用工具将滤芯和积水杯一起取下，然后将滤芯从积水杯上取下	完　成□ 未完成□
2		清洗积水杯和油环，此时应注意积水杯与油环是否有质量问题	完　成□ 未完成□
3		为积水杯装上新滤芯，然后用手旋紧（为避免损坏积水杯和滤芯，旋紧时不要使用工具）	完　成□ 未完成□
4		用油脂或燃油将滤芯顶部油环涂上一层薄油，将积水杯和滤芯一起装进接头，用手旋紧	完　成□ 未完成□

续表

序号	操作图示	作业要领	完成情况
5		为消除滤芯中的空气，在滤器顶部用手油泵泵注油，直至有油从滤器中渗出	完　成□ 未完成□
6		启动柴油发动机组，检查系统有无泄漏，如有，停机排除	完　成□ 未完成□

（1）如何判定柴油发动机油水分离器是否超过使用周期?

（2）简述更换油水分离器的注意事项。

五、学习过程评价

学习过程评价见表 4-3-6。

表 4-3-6　学习过程评价表

班级		姓名		学号		日期	年　月　日
序号	评价要点				配分 / 分	得分	总评 / 分
1	能正确识读和填写工作页，明确学习活动的要求				10		A □（86 ~ 100） B □（76 ~ 85） C □（60 ~ 75） D □（60 以下）
2	能描述油水分离器的作用、分类和结构				10		
3	能查阅资料，分析油水分离器的工作原理				10		
4	能查阅资料，分析油水分离器失效的原因，明确油水分离器故障的检修内容和检修方法				10		
5	能规范地完成油水分离器的检查				15		
6	能规范地完成油水分离器的更换				15		
7	能遵守劳动纪律，以积极的态度接受工作任务				10		
8	能积极参与小组讨论，发挥团队合作精神				10		
9	能及时完成教师布置的任务				10		
总　分					100		
小结建议							

学习活动 4　燃油供给系统压力的检测

学习目标

1. 能描述柴油机燃油供给系统压力的检测方法和检测参数。

2. 能分析柴油机燃油供给系统压力异常的原因，明确柴油机燃油供给系统压力异常的检修方法。

3. 能规范地完成柴油机燃油供给系统压力的检测。

建议学时：4 学时。

学习过程

一、柴油机燃油供给系统压力的检测方法和检测参数

1．简述柴油机燃油供给系统压力的检测方法。

2．柴油机燃油供给系统压力的测量参数包括哪些？其含义分别是什么？其标准值范围分别是多少？

二、制订检修方案

1．查阅资料，回答下列问题。

（1）简述柴油机燃油供给系统压力异常造成的危害。

（2）简述造成柴油机燃油供给系统压力为 0、压力过低（>0）或过高的原因及其处理方法。

1）压力为 0 的原因及其处理方法：

2）压力过低（>0）的原因及其处理方法：

3）压力过高的原因及其处理方法：

2．根据具体工作内容，明确小组成员分工，填写表 4–4–1。

表 4–4–1　小组成员分工

姓名	分工

3．根据要求列出维修所需主要工具及材料清单，填写表 4–4–2。

表 4–4–2　　维修所需主要工具及材料清单

序号	工具及材料名称	单位	数量	备注

4．根据小组分工情况及客户要求，制订具体的维修工序，填写表 4–4–3。

表 4–4–3　　维修工序安排

序号	维修工序内容	备注

三、检测柴油机燃油供给系统的压力

根据表 4–4–4 的操作规范，完成柴油机燃油供给系统压力的检测。

表 4–4–4　　检测柴油机燃油供给系统的压力

序号	操作图示	作业要领	完成情况
1	油压测试口	拆卸进油管。注意，在拆卸进油管时要用一块毛巾或棉布垫在油管接口下，以防止燃油泄漏到地上	完　成□ 未完成□

续表

序号	操作图示	作业要领	完成情况
2		将燃油压力表连接到油压测试口上，启动发动机并怠速运转，读出燃油压力表读数，并进行数据记录 数据记录：________________ ________________ ________________ ________________ ________________	完　成□ 未完成□
3		先卸压，再拆去燃油压力表，将进油管重新连接好，启动发动机，检查进油管是否有渗漏	完　成□ 未完成□

1．简述检测柴油机燃油供给系统压力的注意事项。

2．根据燃油压力的检测结果，采取相应的方法进行检修，排除燃油压力异常故障，并记录检修过程中遇到的问题。

四、学习过程评价

学习过程评价见表 4-4-5。

表 4-4-5　　学习过程评价表

<table>
<tr><td>班级</td><td></td><td>姓名</td><td></td><td>学号</td><td></td><td>日期</td><td>年　月　日</td></tr>
<tr><td>序号</td><td colspan="5">评价要点</td><td>配分 / 分</td><td>得分</td><td>总评 / 分</td></tr>
<tr><td>1</td><td colspan="5">能正确识读和填写工作页，明确学习活动的要求</td><td>10</td><td></td><td rowspan="7">A □（86 ～ 100）
B □（76 ～ 85）
C □（60 ～ 75）
D □（60 以下）</td></tr>
<tr><td>2</td><td colspan="5">能描述柴油机燃油供给系统压力的检测方法和检测参数</td><td>10</td><td></td></tr>
<tr><td>3</td><td colspan="5">能查阅资料，分析柴油机燃油供给系统压力异常的原因，明确柴油机燃油供给系统压力异常的检修方法</td><td>20</td><td></td></tr>
<tr><td>4</td><td colspan="5">能规范地完成柴油机燃油供给系统压力的检测</td><td>30</td><td></td></tr>
<tr><td>5</td><td colspan="5">能遵守劳动纪律，以积极的态度接受工作任务</td><td>10</td><td></td></tr>
<tr><td>6</td><td colspan="5">能积极参与小组讨论，发挥团队合作精神</td><td>10</td><td></td></tr>
<tr><td>7</td><td colspan="5">能及时完成教师布置的任务</td><td>10</td><td></td></tr>
<tr><td colspan="6">总　分</td><td>100</td><td></td><td></td></tr>
<tr><td>小结
建议</td><td colspan="8"></td></tr>
</table>

学习活动 5　喷油器的检查与更换

学习目标

1. 能描述柴油机喷油器的作用、分类、特点、结构和工作原理。

2. 能分析柴油机喷油器喷油量异常的原因，明确柴油机喷油器故障的检修内容和检修方法。

3. 能规范地完成柴油机喷油器的检查与更换。

建议学时：4 学时。

学习过程

一、柴油机喷油器的作用、分类和特点

1．简述柴油机喷油器的作用。

2．柴油机喷油器按控制方式不同可分为机械式喷油器和电控式喷油器，它们的区别是什么？

3．柴油机喷油器按喷油口的结构不同可分为哪些类型？各具有哪些特点？

二、柴油机喷油器的结构和工作原理

1．机械式喷油器

（1）机械式喷油器是通过控制精密偶件（针阀、针阀体）进行工作的，其结构包括调压弹簧、顶杆、针阀、针阀体、进油管接头等。在图 4–5–1 中将机械式喷油器的组成零部件补充完整。

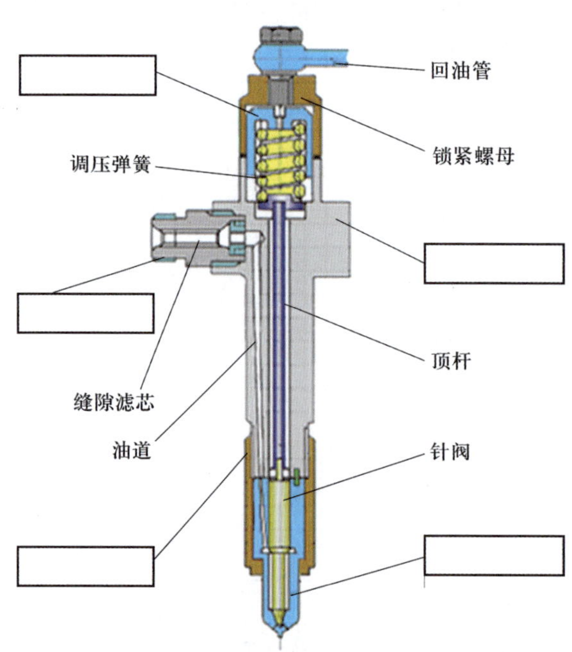

图 4–5–1　机械式喷油器

（2）简述机械式喷油器的工作原理。

2．电控式喷油器

（1）电控式喷油器是通过电磁阀由 ECU 进行控制的，其结构包括喷油嘴针阀、衔铁、回位弹簧等。在图 4-5-2 中将电控式喷油器的组成零部件补充完整。

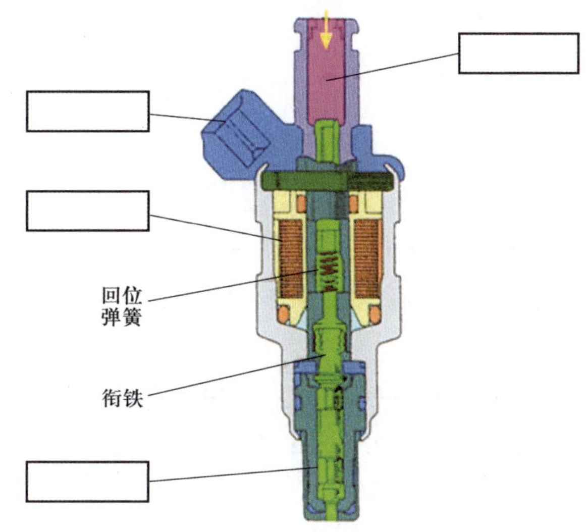

图 4-5-2　电控式喷油器

（2）简述电控式喷油器的工作原理。

三、制订检修方案

1．查阅资料，回答下列问题。

（1）造成柴油机喷油器喷油量异常的原因有哪些？

（2）柴油机喷油器出现故障时，应主要从哪些方面对其进行检查？采用什么检修方法？

2．根据具体工作内容，明确小组成员分工，填写表 4–5–1。

表 4–5–1　　小组成员分工

姓名	分工

3．根据要求列出维修所需主要工具及材料清单，填写表 4–5–2。

表 4–5–2　　维修所需主要工具及材料清单

序号	工具及材料名称	单位	数量	备注

4．根据小组分工情况及客户要求，制订具体的维修工序，填写表 4–5–3。

表 4–5–3　　维修工序安排

序号	维修工序内容	备注

四、检查与更换柴油机喷油器

1．检查柴油机喷油器

按照表 4–5–4 的操作规范，完成柴油机喷油器的检查。

表 4–5–4　　检查柴油机喷油器

序号	操作图示	作业要领	完成情况
1		拔下喷油器电控插头	完　成□ 未完成□
2		用万用表检测电控插头的针脚，测量电压、电阻等，确定喷油器控制电路是否有故障。若喷油器电压、电阻正常，说明电路工作正常；若喷油器电压、电阻异常，则应先检查电路 喷油器的标准电压：____V 喷油器的标准电阻：____Ω	完　成□ 未完成□
3		插上喷油器电控插头，同时将 LED 试灯的一根针脚连接蓄电池正极，另一根针脚连接喷油器电控插头的控制针脚，启动发动机	完　成□ 未完成□
4		若 LED 试灯发出一定频率的闪烁光，说明喷油器工作正常；若 LED 试灯不亮或常亮不闪，说明喷油器工作异常	完　成□ 未完成□

除上述方法外，还可以采用哪些方法对柴油机喷油器进行检查?

2．更换柴油机喷油器

按照表 4–5–5 的操作规范，完成柴油机喷油器的更换。

表 4–5–5　　更换柴油机喷油器

序号	操作图示	作业要领	完成情况
1	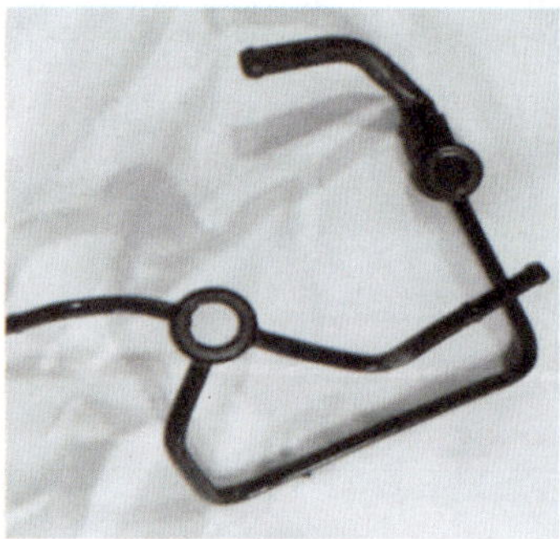	拆卸喷油器回油管	完　成□ 未完成□
2	 高压油管 压紧螺母 高压过渡管	拆卸高压油管	完　成□ 未完成□
3	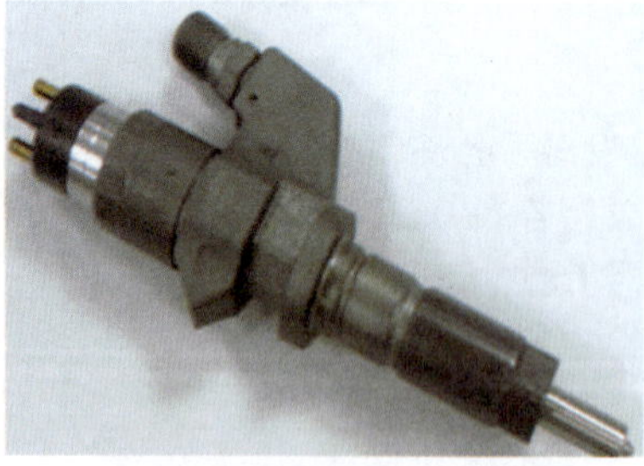	拆卸喷油器固定支架并拔出喷油器	完　成□ 未完成□

续表

序号	操作图示	作业要领	完成情况
4		用干净的抹布堵住喷油器安装孔	完　成□ 未完成□
5	—	按与拆卸相反的步骤安装喷油器	完　成□ 未完成□

五、学习过程评价

学习过程评价见表 4-5-6。

表 4-5-6　　学习过程评价表

班级		姓名		学号		日期	年　月　日
序号	评价要点				配分 / 分	得分	总评 / 分
1	能正确识读和填写工作页，明确学习活动的要求				10		A □（86 ~ 100） B □（76 ~ 85） C □（60 ~ 75） D □（60 以下）
2	能描述柴油机喷油器的作用、分类、结构和特点				10		
3	能查阅资料，分析柴油机喷油器的工作原理				10		
4	能查阅资料，分析柴油机喷油器喷油量异常的原因，明确柴油机喷油器故障的检修内容和检修方法				10		
5	能规范地完成柴油机喷油器的检查				15		
6	能规范地完成柴油机喷油器的更换				15		
7	能遵守劳动纪律，以积极的态度接受工作任务				10		
8	能积极参与小组讨论，发挥团队合作精神				10		
9	能及时完成教师布置的任务				10		
总　分					100		
小结建议							

学习活动 6　工作总结与评价

学习目标

1. 能以小组形式，对学习过程和成果进行汇报总结。
2. 能完成对学习过程的综合评价。

建议学时：2 学时。

学习过程

一、工作总结

在世界技能大赛中，要求选手具有一定的组织规划、沟通、创新等能力，这在实际的生产工作中是十分必要的。以小组为单位，选择演示文稿、展板、海报、视频等形式中的一种或几种，向全班展示、汇报学习成果。

二、综合评价

针对本任务的学习情况，根据表 4–6–1 所列综合评价标准进行评分。

表 4–6–1　　综合评价标准

评价项目	评价内容及标准	配分 / 分	评分		
			自我评价	小组评价	教师评价
组织和管理	团队合作，合理计划，高效管理时间	3			
	及时检查工作进展和效果	3			
	保证高质量完成工作	4			
沟通能力	深度咨询客户，完全理解其要求	10			
	提供明确说明，准确回答客户疑问	10			
计划创新能力	及时处理工作中遇到的问题	10			
	提出创新性、可行性建议，提高客户满意度	10			

续表

评价项目	评价内容及标准	配分 / 分	评分		
			自我评价	小组评价	教师评价
专业知识	熟悉汽车柴油发动机燃料供给系统各零部件的作用、组成、分类、原理等理论知识	10			
	熟悉汽车柴油发动机加速无力故障检修知识	10			
实践能力	具备汽车柴油发动机燃油泵检查与更换技能	5			
	具备汽车柴油发动机油水分离器检查与更换技能	5			
	具备汽车柴油发动机燃油供给系统压力检测技能	10			
	具备汽车柴油发动机喷油器检查与更换技能	10			
学生姓名		综合评价得分			
指导教师		日期			

三、学习任务四整体评价

学习任务四整体评价见表 4–6–2。

表 4–6–2　学习任务四整体评价表

项目	自我评价			小组评价			教师评价		
	10 ~ 9 分	8 ~ 6 分	5 ~ 1 分	10 ~ 9 分	8 ~ 6 分	5 ~ 1 分	10 ~ 9 分	8 ~ 6 分	5 ~ 1 分
	占总评 10%			占总评 30%			占总评 60%		
学习活动 1									
学习活动 2									
学习活动 3									
学习活动 4									
学习活动 5									
学习活动 6									
协作精神									
纪律观念									
表达与分析能力									
工作态度									
任务总体表现									
小计 / 分									
总评 / 分									

世赛知识

在第 44 届世界技能大赛汽车技术项目中，发动机管理系统模块在 8 个模块中占 15 分的分值，由组委会根据主办国的实际设备情况，确定选用汽油机还是柴油机，于最终比赛前 1 个月向各参赛国公布。对于汽油机而言，其考核内容包括压力和流量测量、诊断仪的使用（PS90WSC、505WSC 等）、废气再循环系统、三元催化转化器、点火系统、发动机传感器及执行器的故障诊断、电子燃油喷射系统、废气分析及波形测量、发动机起动系统。对于柴油机而言，其考核内容包括柴油机过滤系统、预热系统、电子控制系统、发动机的相关传感器和执行器、共轨系统、增压系统、发动机起动系统。无论是汽油机还是柴油机，均要求选手在比赛现场 90 min 内不使用任何诊断设备及仪器将发动机启动着车，对于不能在规定时间内将发动机启动着车的选手，由组委会专家恢复故障，将发动机启动着车，选手将被强制性休息 15 min，该环节选手不得分，同时 15 min 的休息时间计入总的 3 h 比赛时间内。组委会专家恢复故障，将发动机启动着车后，选手方可进入下一个比赛环节。

命题和评分标准如下。

1．内容要求

发动机无法启动或发动机运转后不着车。

2．评价标准及配分

（1）组织管理：健康安全和整理（3 分）；设备和工具使用规范（2 分）。

（2）沟通交流：查阅电路图（5 分）；记录作业单（5 分）；汇报故障（5 分）；索要零部件（5 分）。

（3）机电系统：零部件拆装（10 分）；发现系统故障现象（15 分）。

（4）检查诊断：通过检查、诊断找到故障部位，如确定熔丝、继电器、导线、零部件等具体故障部位（40 分）。

（5）维修保养：维修、基础检查（5 分）；更换零部件（5 分）。

3．命题框架

（1）组织管理：健康安全和整理（3 分）；设备和工具使用规范（2 分）。

（2）沟通交流：查阅电路图（5 分）；记录作业单（5 分）；汇报故障（5 分）；索要零部件（5 分）。

（3）主供电系统（10 分）：检查系统功能，排除熔丝，相关线路断路、短路、虚接、错接，搭铁，零部件等独立或复合故障（2 ~ 3 个故障点）。

（4）钥匙 / 仪表 /CAN 系统（25 分）：检查系统功能，排除熔丝，相关线路断路、短路、虚接、错接，搭铁，零部件等独立或复合故障（5 ~ 6 个故障点）。

（5）起动系统（15 分）：检查系统功能，排除熔丝，相关线路断路、短路、虚接、错接，搭铁，零部件等独立或复合故障（3 ~ 4 个故障点）。

（6）高压点火系统（15分）：检查系统功能，排除熔丝，相关线路断路、短路、虚接、错接，搭铁，零部件等独立或复合故障（3～4个故障点）。

（7）供油/混合气系统（10分）：检查系统功能，排除熔丝，相关线路断路、短路、虚接、错接，搭铁，零部件等独立或复合故障（3～4个故障点）。